「好き！を仕事に」シリーズ

マイナスな人生でもプラスになれる生き方

——エリートじゃない、〝普通の人〟のための成功方程式

かさこ著

共栄書房

「好き！を仕事に」シリーズ

マイナスな人生でもプラスになれる生き方——エリートじゃない、〝普通の人〟のための成功方程式◆目次

発見の巻……これって、仕事になるんだ！

番外編

はじめに

――マイナスな人生でもプラスになれる！

とりたてて特別な才能があるわけでもなく、生まれながらにしてエリートでもない、ごく普通の一般の人が、少しがんばれば手が届くかもしれない成功談はないだろうか。そんな思いで始めたのが本書に掲載されているインタビューだ。

本書に登場する26人のほとんどが、どこにでもいる普通の人たち。でも手痛い失敗やひょんなきっかけから自分の生き方を見つめ直し、敷かれたレールから道を外れて、自分でレールを敷き始めた。そして今は、失敗や苦難を乗り越え、やりたいことをしながら楽しく生きている。

今の姿だけ見ると、ものすごい成功者に見えるかもしれない。もともと才能があって、エリートに見えるかもしれない。でも過去を紐解くと実はそうでもない。いやむしろ、普通の人より遅れをとっていた人も多い。

そんな人でも自分がしたいことを実現できる。しかもこの成功談は、テレビなどのメディアで引っ張りだこの超有名人になるとか、オリンピックや世界大会に出るような活躍をするとか、起業して上場させてカリスマ経営者として祭り上げられているといった大げさな「成功談」ではない。身の丈にあった成功。少し手を伸ばせば届きそうな成功。そんな人たちを中心に選んで話を聞き、エピソードをまとめた。

今、時代を取り巻く環境は大きく変わっている。特に働き方の常識は激変しており、今後ますます、会社や組織に頼れなくなり、個人が自分で考え、自分で行動し、個人ブランド力をつけて仕事をしていかなければならない時代になると思う。

生き方、働き方に悩んでいる人は多い。今のままじゃまずいと危機感を覚えている人も多い。「自分は特別な才能もない普通の人だけど、このまま社会の当たり前のレールに乗っていたのでは先行きが不安」と考えている人に、ぜひ読んでいただきたい。

情熱の巻

——「好き！」で食べていく

神田山緑

三井昌志

林一章

永田知之

講談師

神田山緑

カーディーラーから健康食品社長を経て今は講談師として活躍！

どこにでもいる普通のサラリーマンが、日本で約80人しかいない講談師に転身。しかも食えない講談師が多い中、今は講談師だけで食べているというすごい人がいる。神田山緑さんだ。異色の経歴の変遷とともに、どのように仕事をしているのか話を聞いた。

（取材日：2014年11月18日）

※講談：張り扇で釈台を叩き、調子良くメリハリをつけて語る伝統芸能。リズミカルな話芸の妙味によって、どんな荒唐無稽なお話でも嘘いつわりのない本当の出来事のように思わせる。

プロフィール　1976年、東京生まれ。堀越高等学校卒業、敬愛大学経済学部経済学科卒業。大学卒業後、トヨタ自動車の販売店に入社。25歳の時に独立し、健康食品会社の社長に。29歳の時に事業をやめ、講談師に弟子入り。2008年頃より講談師だけで食べていけるように。2014年から講談教室「日本講話塾」結成。2014年に中野区観光大使就任。

親の親友の子どもの死で人生を見つめ直す

小・中・高校は野球少年。大学時代は毎日のようにクラブで遊び歩く生活。就活は就職氷河期で厳しい時代だったが、面接に行くまでの移動中の電車の中で大あわてで履歴書を書いた。面接を受けたトヨタ自動車の販売店の社長に誤字を指摘されたものの、素直に間違えましたと謝ったら即その場で「採用!」ということになり、自動車販売店に入社が決まった。

なぜか店舗配属1ヵ月目で4台も車を売るという快挙を成し遂げるも、「生意気な新人だ」と店長から目をつけられ、ショールームに入れてくれないという嫌がらせを受けることに。仕方がないので一軒一軒ピンポン営業。水をかけられたこともあったが、1日100~200軒、まじめに回ったので営業成績はよく、トヨタ新人賞を受賞する活躍ぶりだった。

しかし転機が訪れたのは入社してから2年が過ぎた頃。父親の親友の子どもがビル火災に巻き込まれて突然亡くなった。父親はそれを見て他人事とは思えなくなった。事業をしていた父親が廃人のようにショックを受けているのを見て、神田さんは思った。

「このまま一生、車を売っていても仕方がない。父親の助けとなるべく父の事業を手伝おう。いずれ独立もしたいし」と自動車販売店をやめることにした。

健康食品ブームで会社は順調も取引先の倒産した社長を見て社長をやめる

ディーラーを辞めた後は父親の事業を手伝っていたが、新規事業で健康商品を取り扱うことになり分社化して、25歳にして新会社の社長に。社員は4人。ちょうどその時、健康食品が大ブームになり、がん予防に効くという宣伝文句のアガリクスを取り扱い、事業は順調だった。

しかし取引先の会社の一つが倒産した。神田さんの会社に実害はなかったものの、神田さんが若いということもあり、今まで横柄な態度をとっていたその会社の社長が態度を一変、神田さんに「会社を買ってくれないか」と土下座をしたという。

「こうも人間は変わるものなのか……」

今までいばっていた社長が、事業につまずいたら土下座までしてしまう。その時、神田さんは思った。これは、明日はわが身なのではないかと。

事業は順調だったが忙しさなどからストレスがたまり、血尿や血便が出るほど健康状態は悪化していた。そんな社長の状態を察知したのか、社員はあっという間に辞めていった。

「もうこのまま仕事を続けていくのは無理」

そう思って事業を辞めることにした。

講談に感激！　４度断られて弟子入り

神田さんが27、28歳の頃。若くして社長になり、様々な会社と交渉しなければならない場面が多かったが、もともと話が上手ではなかったので、話し方教室に通っていた。そこの先生が講談に連れていってくれた。講談は落語とは違う。独特のしゃべり口調と小道具を使って、歴史などの内容ををリズミカルに話していく芸だ。

講談を聞いた神田さんは感動した。

「言葉を聞いているとまるで映画を見ているかのように、次々と情景が浮かんでくる。その見事な芸に感激のあまり涙が出てきた」

そこで講談に興味を持ち、講談教室に通うことに。教室でレッスンした後、友人と居酒屋に行ってビールを飲んだところ、格別にうまかったという。

「こんなうまいビールを飲んだのははじめて！」

事業は順調でも心配事や不安なことが多い健康食品事業では味わうことのできなかった、「仕事」終わりの爽快感。

「講談なら一人でできる。これは十分ビジネスにもなる。講談師になろう」と決意。師匠からは４度、弟子入りを断られたが、めげずに志願した結果、５度目で弟子入り。神田さんが29歳、2005年のことだった。

しかしすぐに講談だけで食べられるわけではない。落語は人気もあり噺家は800～1000人いるとも言われているが、講談師はわずか80人あまりしかおらず、そもそもがメジャーではないため、食えない人も多いという。

しかも講談の世界は完全な縦社会。上の言うことはどんな理不尽なことでも絶対に聞かねばならない。階級が3つあり、はじめは「前座」からスタートし、6～7年目で「二つ目」、14～15年目で「真打」となる。

厳しい世界にもかかわらず、バイトをしながら師匠の言うことをよく聞き、神田さんはわずか3年で「二つ目」に昇進。昇進しただけでなく、3年目ぐらいからバイトもせず、講談だけで食べていけるようになったという。

ビジネス経験があるから講談だけでも食べていける

「真打」になっても食えない講談師がいるにもかかわらず、神田さんがわずか3年で講談だけで食べられるようになったのはなぜなのか。

「講談は何も講演を聞きに来てもらうだけでなく、いろんな場面で活用ができます。例えば入門したての頃は、結婚式で両人のなれそめを講談風に語るという仕事をして稼いでいました。こういう場面でも講談は使えるんです」

日本の歴史物を語るのが一般的だが、例えば企業の依頼に応じて、企業の歴史や創業の物語を講談風の作品に作り上げ、社内研修に活かすこともできる。講演だけでなく、依頼に基づく作品づくりや研修分野にも手を広げていることが、講談だけで食べられる大きな要因になっている。

「また何よりも講談を習いたいという人が多く、教室事業は単発の講演とは違い、固定収入が得られるので助かっています」と神田さんは話す。

写真家でも音楽家でも、作品を売ることより人に教えることの方がビジネスになる可能性が高い。そうした視点を講談に持ち込んでいるからこそ、神田さんは若くして講談だけで食べていけるのだ。

「今までサラリーマンをしていたり、営業をしたり、社長をやっていたビジネス経験がある。ビジネス感覚を持ち合わせているので、講談だけでも食べていけるようになった」

最近では地域の話を講談にアレンジし話をすると、地域活性化にもつながるので、こうした講談も各地で積極的に行っている。地元中野では、区の観光大使に就任したりもしている。

「講談はいろんな場面で活用できるはず。講談師でも食えることを自分が証明し、講談師の成功モデルになることで、講談師を目指す人も増え、増えれば業界全体も活性化する。講談をもっとメジャーにして、多くの人に講談の良さを知ってほしい」

「講談が仕事にならなければ後輩は育たないし、業界は尻つぼみしてしまう」

元サラリーマンだからこそ、元社長だからこそできる、講談の新しいあり方を模索しながら、神田さんは講談を活用して活動の幅を広げていっている。

解題 営業成績や売上アップ、社長になるより幸せなこと

何を目標に多くの人は働いているのだろうか？　会社員なら個人成績を上げることや部の売上目標を達成すること、昇進・昇給などだろう。いずれ独立して自分で起業し、社長になりたいという人も多い。独立起業したらしたで、また今度は売上アップのために奔走する。結果、プライベートな時間がなくなり、毎日が仕事に追われ、目標を達成したところで、またさらなる数値目標を掲げて働きまくる……という人が多いのではないか。

はたしてそれは幸せな人生なのだろうか？　数値目標を達成して、一体何になるのだろうか？　会社の規模や部の規模が大きくなると幸せなのだろうか？

神田さんは会社員としても独立起業の社長としても世間一般でいう成功をしている。会社員時代は優秀な営業成績。独立起業も売上が順風満帆だった時期もある。にもかかわらず、神田さんはそうした数値とは縁のない世界に飛び込んだ。一般的な成功体験をしたからこそわかる虚しさ。知人の死、取引先の倒産など、一寸先は闇であることを知り、一般的なレールからは外れ、興味のある講談師という道を選んだ。

だからといって多くの人が興味のある分野に転身して食べていけるわけではない。まして神田さんの飛び込んだ世界は世間的にはマイナーな講談師。食えるかどうかもわからない業界だ。でもそこは工夫次第。会社員経験や独立起業経験があるからこそできる神田さんならではの発想で、食えない講談師もいる中、弟子入りから3年で食えるようになった。

好きなことや興味のあることを仕事にするには、いきなりその職種につくより、関係のない業界を経験することや、会社員経験を積むことが極めて重要なのではないかと思う。芸事やクリエイター職種の人は、一般的なビジネス感覚がわからず、技術はあってもそれをお金に換える方法がわからなかったり、一般の社会ニーズをとらえることができず、独りよがりな作品の押しつけになりがちだ。だから「好き」が仕事にできない。神田さんのように会社員や独立起業経験を積んだ後に好きな職種にチャレンジすると、成功確率は上がるのではないか。

講談はニッチな分野かもしれない。でもニッチだからこそメジャーにするためにいくらでも工夫のし甲斐がある。ニッチだからダメだと考えるのではなく、マイナーだからこそ自分が広めるチャンスがあると考える、神田さんのような逆転の発想が必要ではないだろうか。

関連リンク

・ブログ「講談師　神田山緑オフィシャルブログ」http://ameblo.jp/sanryoku/
・ツイッター　@djsanryoku
・フェイスブック「神田山緑」https://www.facebook.com/sanryoku36

旅写真家

三井昌志

会社を辞めてカメラマン旅写真で食べている憧れの仕事！

長旅に出て写真を撮り、それで食べていけたらどんなに理想的な暮らしだろう……。それを実現している人がいる。写真家・三井昌志さんだ。

旅写真を撮る人は多いが、この人の写真は段違いにすごい。そして何より、私が憧れている夢をもう10年以上も前に実現している。旅写真でどのように生計を立てているのだろうか。話を聞いた。

（取材日：２０１４年８月１日）

プロフィール　1974年、京都市生まれ。神戸大学工学部卒業後、機械メーカーに就職し、エンジニアとして2年間働いた後退社。2000年12月から10ヵ月に渡ってユーラシア大陸一周の旅を行う。以降、写真家としてアジアを中心に旅を続け、写真を撮り続けている。訪問国は38カ国。旅の経験を生かしたフォトエッセイの執筆や講演活動を精力的に行う一方、広告写真やＣＭ撮影など、仕事の幅を広げている。

ホームページで注目を集め、カメラマンに

三井さんは大学卒業後、2年間機械メーカーで働いた後、「このまま他人の敷いたレールの上に乗っていていいのだろうか？　一度レールを降りてみて、自分の足で歩いてみたい」と退職した。退職後、なんとはじめての海外旅行が、10ヵ月におよぶ長旅（2000年12月〜2001年10月）になった。

ちょうどその時、発売されたばかりのデジタル一眼レフを持参し、写真を撮った。カメラなど習ったこともない。写真家になるつもりで旅に出たわけでもない。

ただ初めて旅に出て、人の笑顔を撮ることに魅せられた。撮った写真を多くの人に見てほしいと考え、2001年12月にホームページ「たびそら」を立ち上げた。その素晴らしい写真が評判になった。でも本人いわく「まさか写真の方が評価されるとは思わなかった。一生懸命、旅行記を書いていたのに（笑）」という。

2003年に声がかかり、写真展開催後、写真集『アジアの瞳　Pure Smiles』が発売された。私もこの当時、この写真集を購入した。素敵な写真がいっぱい。私もいつかこんな写真を撮り、こんな写真集を出版したいと感じたのを覚えている。

写真集が人気となり、その収入をもとに再び長旅に。写真家になるつもりで会社を辞めたわけでもないし、旅に出たわけでもない。だが、旅に出て写真を撮りそれが仕事になるならと、

この頃より写真家と名乗り、冬になると旅に出て、帰ってきたら写真集出版などの仕事をしてまた旅に出るという生活を繰り返すようになった。

仕事の幅を広げて収入を得る

でも思う。この生活で食べていけるのだろうか？

「そりゃ毎年毎年、収入がどうなるかはわからないので、不安と言えば不安かもしれませんし、ネットがこれだけ普及し、何でも無料で見れるようになってしまったので、マネタイズの面も難しい。でももう10年以上この生活をしていますので、今はそんなに不安はなく、マイペースで仕事をしています」

写真集出版ほか、新聞や雑誌などメディアでの連載などの仕事ほか、講演、写真教室、最近では広告撮影やＣＭ撮影も手掛け、仕事の幅を広げている。

「こちらからは積極的に営業をしていませんが、ホームページを中心にネットで情報発信していると、自分のことを気に入ってくれた人が、自分にふさわしい仕事を振ってくれるんです」

これだけ素晴らしい写真を撮っていれば、仕事がくるのもうなずける。ちなみに三井さんは結婚もしており、４歳になる子どももいる。

ただジレンマもあると思う。三井さんの写真はある意味では「仕事向き」の写真ではないし、いわゆる写真家業界が気に入るような賞向きの写真でもないからだ。名もない村の名もない少女の笑顔の写真より、世界遺産の写真の方が仕事＝お金になりやすい。人の笑顔を撮ったポートレート写真より、一般人には何がいいのかわからなくても、どこかアーティスティックで意味深な写真の方が、業界関係者からは受けて賞にはなりやすい。

「写真をちゃんと習ったこともないし、写真家のメインストリームを歩いてきたわけではありません。ただ人々の素敵な笑顔を撮影し、それを見た人が喜んでくれればそれでいい。そう思って写真を撮っています」

ネット全盛になり、いまやスマホでもいい写真が撮れるようになり、旅写真などネットであふれかえっている。でも三井さんの写真は何度も言うようだけど、まったく次元が違うのだ。笑顔の写真はもちろん、景色とともに人が写り込んでいる写真にものすごく生活感があり、でもそれでいて、写真としてとっても美しいのだ。

段違いの写真の秘密は現地の移動手段にあり

多くの人から「なぜこんな素敵な写真が撮れるのか」「どうして笑顔の写真が撮れるのか」と何度となく質問を受けているだろう。私が思うに、4〜5ヵ月の長期旅行であることと、何よりも外国人のあまり行かないローカルな場所に行っているからだと思う。

そうした旅のスタイルが確立した要因に、バイクの存在が大きい。近年はバイクでアジアを旅することが多いという。2011年〜2012年にかけては102日間かけて、インドをバイクで一周したという。公共交通機関で行くとどうしても移動が限定的になってしまうが、バイクという自由な移動手段を使うことで、ローカルな町や村を自分のペースで、一つひとつたどっていくことができるからこそ、他の人の旅写真とはまったく違う写真が撮れるのだと思う。

そして何より三井さんの魅力は、三井さんのような長旅をしたくてもできない人が、彼のホームページに掲載されている写真や旅行記に触れることで、行った気になれることだと思う。一億総カメラマンの時代に、人とはまったく違う魅力ある写真を撮れることとの強みを活かし、毎年冬になると長旅に出て、その記録をネットを中心に発表し、それをきっかけに日本で仕事を得てまた旅に出る。

そんな夢みたいな素敵な人生を歩んでいる人がいる。ネットという素晴らしいツールを活用し、いいコンテンツを配信していれば、それが夢につながる一歩になると思う。

解題　人と違う切り口で攻める

昔は普通に写真を撮るだけでも大変だった。デジカメ時代とは違い、機材や技術がないとちゃんと写真が撮れなかったのだ。しかし、技術の進歩で写真を撮るということが特別な行為ではなくなった。今やデジカメどころかスマホで一般人がボタンを押せば、わけもなく写真を撮れる時代になり、カメラマンの仕事は激減しているといっても過言ではない。
そんな中、三井さんの写真が際立っているのは、普通の人がなかなか行けないローカルな場所で、普通の人がなかなか撮れない現地の日常を撮影していることにある。世界遺産の写真などカメラマンでなくても誰でも撮れる時代だからこそ、他の人では撮れない被写体や場所を撮り続けているのだと思う。人と違う切り口――それが大きな差別化要因になっているのではないか。

関連リンク

・ブログ「旅空日記」http://blife.exblog.jp/
・ホームページ「たびそら」http://www.tabisora.com/
・ツイッター　@MitsuiMasashi
・フェイスブック「三井昌志」https://www.facebook.com/mitsuimasashi

伊賀FCくノ一コーチ

林 一章

大学のサッカー部にすら入れなかった実力なのにJリーガーになれた男

男子なら憧れる職業であるプロサッカー選手。でもプロになれるのは一握りの人だけで、小さい頃から名門校で活躍している人だけだと思いがちだ。

そんな常識を覆したのが林一章さん。あまりに実力がないために大学のサッカー部にすら入部拒否されたのに、Jリーガーになれたのだ。

不可能を可能にした林さんの半生を振り返る。

（取材日：2015年1月18日）

プロフィール　1976年、三重県津市生まれ。三重県立津西高校、中央大学経済学部を経て、1999年にＦＣ東京に加入し、Ｊリーガーに。2003年～2005年まで高校で社会科教師。その後は、北澤豪氏が行うサッカー教育活動のサポートなどを行う。2013年よりなでしこリーグ所属の伊賀ＦＣくノ一のコーチに。

ブラジル大使館を突撃訪問し、夢のチャンスをつかむ

林さんはサッカーが好きなどこにでもいる少年だった。そしてプロのサッカー選手を夢見ていた。プロになるにはエリートコースを歩まなければならない。しかし高校の選択で林さんは逃げた。サッカーの強豪校をあきらめ、「普通」の高校に入ったのだ。

もちろん林さんがこの時の実力で、サッカー強豪校に入学できたかはわからない。しかし「自分には実力がない」と、はじめからあきらめてしまったのだ。

大学に入った後、改めてサッカーの道をめざしたいと思ったが、あっさり閉ざされてしまった。大学のサッカー部に入部しようと思ったのに断られてしまったのだ。まさかの門前払い。考えてみれば、これまでサッカーでの輝かしい実績がない林さんをサッカー部がとる必要はどこにもない。

甘く考えていた。大学になってサッカー部に入り、がんばればいいと思っていたのが間違いだった。真剣にサッカーの道をめざすのなら、高校からサッカー道まっしぐらに進むべきだった。門前払いにあった林さんは人生の目標を見失い、大学入学後の半年間は遊び歩いていたという。

しかし遊んでも遊んでも心が満たされない。なぜなら本当にやりたいことはサッカーなのだから。このままただ遊んでいても虚しさが募るだけ。サッカーをしたいのならサッカーをすればいいじゃないか。サッカー部に入れなくてもサッカーはできる。そう考えた林さんは、友だ

ちを誘って河原でボール蹴りから始めた。

とはいえ、河原でボールを蹴りをしていたところで、Jリーガーになんかなれるわけがない。サッカーをしたい。やるならプロでやりたい。そのために何をしたらよいのか。林さんはあることを思いついた。サッカー王国ブラジルに留学すればよいのではないかと。

でもどうやってサッカー留学したらいいかわからない。そこでとりあえずブラジル大使館を突撃訪問。するとサッカーができるところを紹介してもらえることに。大学3年生の時に休学し、1年半、ブラジルでサッカー三昧の毎日を送った。

「言葉もわからない異国の地で、朝から晩までサッカー漬け。その話をすると、つらかったのではないか？　と言われますが、好きなサッカーができることが何より幸せだった。東京で遊び歩いている時よりよほど楽しい。なぜならサッカー選手になりたいという目標に向かって進んでいるから」と林さんは言う。

はじめは他の人に比べればほとんどできなかった。大学3年間のブランクを埋めるように、サッカーに必死に打ち込んだ。その甲斐あってめきめきと成長。ブラジルでの活躍が認められ、1999年、帰国後、Jリーグのチーム・FC東京に入れることに決まったのだ。

大学のサッカー部に入部拒否された人がJリーガーになれる……。思うに、人は夢を簡単にあきらめすぎる。本当に叶えたい夢があるなら、どんな逆境でも実現できる方法を考え必死でがんばればいい。林さんのように。

自分が活躍できなかった理由を教師生活で知る

ただ残念ながら、林さんはプロで活躍することはできなかった。夢がJリーガーになること、それで満足してしまったというのも一つにはあるだろう。もう一つは、「自分は他の選手に比べたらできない」という萎縮した思いから、自分らしいプレーができず、埋もれてしまったからだ。

チームにいるのは高校時代からすごい活躍をした選手ばかり。それに比べて自分はエリートコースからは外れている……。そんな劣等感がマイナスに作用。自分はすごくないと思ってしまったこともあり、自分の頭で考えることをせず、ただただコーチの指導や他の選手の言うなりになってしまった。林さんは現役時代に活躍できなかった要因をこう振り返る。

「受け身な姿勢からコーチや他の選手の指示待ちになってしまい、自分で考え、プレーすることができなかったのだと思います。サッカーは自分で考え、すぐ反応しなければ、いいプレーはできません」

FC東京、水戸ホーリーホックに数年在籍した後、Jリーガーを引退し、2003年からは高校で社会科の教師をするようになった。

教師になってから、なぜ自分がJリーグで活躍できなかったのか、より明確に理由がわかった。「教えられた知識を、自分で考え、判断することをしなかった。だから活躍できなかったのだと思う」と。それは社会科を子どもたちに教えている時にこんなことを感じたからだ。「受験のためにただ年号や地名を覚えるだけでは、受験に合格できても、社会で生き抜いていく力は身につかない。暗記した知識をもとに、それをどう今の社会や自分と結びつけて、自分なりに考え、行動できるかが重要。そのことを子どもたちに教えたいと思った時に、私がなぜJリーグで活躍できなかったかがわかったのです。ただコーチや先輩のいうまま、知識だけを暗記して、それを実戦に活かす知恵に変えられなかったのだと」

先生という仕事も楽しかった。ただ林さんは教科書よりもサッカーを通じて伝えたいことがあると考え、3年で教師を退職。その後は元サッカー日本代表の北澤豪選手が主体となって行う、サッカーを通じた国際活動や地域活動の手伝いをするようになった。

サッカーを通じた共生的自立を伝えたい

そんな時、林さんの人生の転機となる出来事があった。

一つは「JFAこころのプロジェクト夢先生」として母校で講演する機会があったこと。自分の人生を話すことで、あきらめずがんばれば夢を叶えられることを子どもたちに伝えることができると実感した。

もう一つは、2009年、元サッカー日本代表のスーパースター、中田英寿氏が代表を務める「TAKE ACTION FC」のメンバーとして試合に出場したことだ。このチームは日本代表選手OBばかりが集うスター集団。にもかかわらず、Jリーガーでは無名の林さんが所属し、しかも試合で活躍することができたのだ。「現役時代よりうまい」「なぜこんなにうまいのにJリーガー時代、活躍できなかったの？」と驚きの反応が多かったという。

なぜ現役引退後にサッカーができるようになったのか。それは自分の頭で考えられるようになったからだと林さんはいう。

2013年からは、なでしこリーグ所属の伊賀FCくノ一のコーチとして活躍。一時は監督不在のため監督代行を務めるなど、指導者としての経験も積んだ。

こうした体験を通じて林さんが強く思うようになったのは、サッカーは社会力を学ぶのにとてもいいツールだということだ。

「サッカーは団体スポーツ。仲間と協力してプレーをしなければならず、共生が必要。でもチームの一人ひとりが個性や能力を持った自立も必要となる。この共生的自立は、サッカーだけでなく社会に出てもそのまま役立つ。他人を尊重しながら、集団の中で自分の個を発揮していく。そういう力をサッカーは養えるスポーツなんです」

一言でいうなら「共生的自立」。サッカーは単なるスポーツではなく、社会力のトレーニングにもなる。そんな信念を持ち、コーチのかたわら、津市スポーツアカデミー「Maravilha」代表として「サッカーを通して、こころの教育を」をテーマにサッカーを通じた様々な活動に取り組んでいる。

解題　組織に依存する個人から、組織を活用する個人へ

林さんがいう共生的自立にとても共感する。日本社会は、個人が犠牲になり組織が優先される風土が根強いが、これからは個人を犠牲にして成り立つ組織ではなく、個人の力を活かす組織社会にならなくてはならないのではないか。まさにその力が必要とされているのがサッカーだ。

今の日本社会は、共生的自立ならぬ依存的共生があまりに多い。寄らば大樹の陰で、大企業志向。自分はやらないけど誰かがやってくれる。大きな組織にいさえすれば安心・安全だというとんでもない錯覚。そんな他人依存な人ばかりが集まった組織が衰退するのは自明のことだ。

不安定・不透明な社会で生き抜いていくには、大きな組織に頼るのではなく、まず自分が自立すること。自立した個が結集し、自立した個を活かした組織をつくること。そうなってはじめて社会全体が強くなり活性化するのではないか。

関連リンク

・ブログ「転んだら起きろ、それでいい。」http://ameblo.jp/moniquinha31/
・フェイスブック「林一章」https://www.facebook.com/kazuaki.hayashi.79
・ツイッター　@_moniquinha31_

カメラマン

永田知之

40歳でガン宣告 24年間勤務した会社を辞め、カメラマンとして独立

働き盛りでガンを宣告され、完治が難しいと言われたら、あなたならどうするだろうか？ 永田知之さんは治療のかたわら、今まで封印してきた写真の楽しさに気づき、人生一度きり、いつ死んでも悔いがないようにと考え、24年間勤めた会社を辞めて、46歳でカメラマンに転身した。無謀と言われるかもしれないが、たった一度の人生をどう生きるか、参考になる永田さんの話を紹介したい。

（取材日：2014年6月6日）

プロフィール 1967年、埼玉県生まれ。高校、大学とも写真部に入部も、大学卒業後は自動車部品メーカーに勤務。40歳でガンと宣告される。治療のかたわら、病気の人を写真で元気づけられるのではないかと考え、写真の専門学校に通い、46歳でカメラマンとして独立。写真集『「まんまる まる子」猫がいる幸福』がキャノンフォトプレッソの「フォトコンが選ぶフォトブック10選」に選ばれる。

突然のガン宣告――5年生存率は35％

酒もタバコもしない。大学を卒業してからはずっと自動車部品メーカーに勤務。仕事にむちゃくちゃストレスがあったわけではない。にもかかわらず、まさかの40歳でガン宣告された永田知之さん。しかも、診断は「4期B」。かなりガンが進行し、完治が難しい状態だった。

永田さんの病状は一般的に、5年生存率は35％。再発率は85％と言われていた。

「3人に2人は5年以内に死ぬのか……」

でも病気と闘うしかない。5種類の抗ガン剤治療を8クール行った。全身の毛はすべて抜けた。副作用もひどかった。でもなんとか一命を取り留め、回復していった。

ただドクターからは「骨髄移植をしないとダメだ」と言われた。調べれば調べるほどリスクは高い。西洋医学だけに頼らない他のアプローチを模索し、福島県三春町のラジウム温泉施設に長期滞在することにした。

そこは末期のガン患者が集まる場所。中には亡くなってしまう人もいる。永田さんはこの施設に宿泊した時、施設の前に輝くきれいな大きな虹を発見した。

「幸先がいい！　これはカメラに収めなくては！」

永田さんは高校、大学時代は写真部で、会社員時代も趣味でカメラをしていた。さすがにこの病状では一眼レフは持てない。コンパクトデジカメで撮影し、希望をもらったこの感動を施設にいる人にも伝えたいと思い、写真をプリントアウトして渡していった。

するとふだんは暗い表情のガン患者たちが明るい笑顔になった。

「こんな素晴らしい虹、見たことない！」「励まされる！」

その時、永田さんは感じた。たった1枚の写真がこれほど多くの人を勇気づけることができるなんて。ガンを治し、職場に復帰したら、また写真をしよう。そんな風に思った。

どうせ死ぬなら好きなことを仕事にしたい

1年半の休職後、職場に復帰したのは2009年のこと。リーマンショック後の不景気や、外資に買収された後の会社は、今までの活気がなく、沈んだ雰囲気だった。

幸いにして会社の理解があり、休職後も、もとの営業職を任された。今までのお客さんも担当させてくれた。こんなにうれしいことはない。

でもガンが完治したわけではない。この先、自分の体がどうなるかもわからない。永田さんの胸に命の儚《はかな》さや人生の儚さが去来する。このままでいいのか。仕事に不満があるわけではなかったが、ラジウム温泉施設の時に写真を見せて多くの人が喜んだ姿が、脳裏から離れなくなっていた。施設で知り合った人で何人かは突然連絡がとれなくなり、後から亡くなったという知らせを家族から聞くこともあった。

人生一度限り。写真で人を喜ばせたい。写真を仕事にできないか。そんな風に思い、201

0年から仕事帰りに、写真の専門学校に通うようになった。

でも、と思う。カメラマンなんかで食べていけないのではないか。今でもこびりついている大学の写真部の顧問の先生の言葉。

「カメラなんかで食べていけるなんて、そんな甘い世界じゃないからな！」

あの言葉がいつも心につかえていて、いつしかカメラマンで食べていけるわけがないと思い込んでいた。心のブレーキとなっていたのだ。

そんな矢先、東日本大震災が起きた。はかない命。はかない人生。やっぱり本格的に好きな写真を仕事にしたい。そんな時、天職塾を主宰する三宅哲之さん（119ページ参照）に会い、独立準備を始めるようになった。

「すぐに会社を辞めても食ってはいけない。2年間は独立準備した方がいい」

三宅さんのアドバイスに従い、会社で働くかたわら独立準備する、パラレルキャリアを実践。少しずつ写真の仕事が入るようになっていった。

2年間、独立準備をしたおかげで、かなり写真の仕事が入るようになった。さすがに二足のわらじではしんどくなってきた。そこで2013年12月末、24年間勤めた会社を辞め、2014年1月、46歳でカメラマンとして独立起業した。

自然体の写真を撮れる腕

私が永田さんを取材しようと思った理由は2つある。1つはまさかのガンになったことがきっかけで、長年勤めた企業を辞めて好きを仕事にする決断をしたこと。もう1つは、私を撮影した写真があまりにも素晴らしかったからだ。

2014年5月に三宅さんが主宰するキャンプに取材に行った。その時、カメラマンとして永田さんが来ていた。私は撮影のジャマにならないようにと、できる限り、永田さんがカメラを構えている時には、写り込まないように気を使っていた。

ところが！　後日、撮った写真がネットにアップされていて驚きだった。私のごく自然な表情が何枚も撮影されているのだ。私はカメラマンとしても仕事をしているので、人が撮影しているとすぐ気になってしまう。撮るのは得意だが撮られるのは大の苦手。いつもいろんな人に「笑ってない」とか「表情が硬い」とか言われる。そんな私がまったく撮られていることも気づかず、あの短時間の中でこんな自然な表情を撮影していたとは。39年間生きてきた中で、撮られ慣れていない私を、これほどまで自然に撮影したのは永田さんしかいなかった。しかもまったく私は気づかなかった。

この人の写真はすごい。だからこの方を取材しようと思った。たとえガンになったことがきっかけで、好きを仕事にということでカメラマンで独立したとしても、写真がしょぼかったら絶対にこの本で取り上げなかっただろう。

ちなみに普段は個人や企業のプロフィール写真、家族のアニバーサリー写真、講演やセミナー写真を撮影している永田さんだが、奥さんの誕生日にプレゼントしようと、飼い猫を撮影した写真を集めたフォトブックを作成したところ、キャノンのフォトコン編集部が選ぶフォトブック10選に選出！ Kindleでも発売することになった（著者名は「とも太郎」）。こうしたことから最近はペット関連の撮影依頼も増えているという。

また、写真を通じて多くの人を笑顔にしたいとの思いから、不定期で「フォトシェアリング会」を実施。「写真がいいとか悪いとか関係なく、みんなが思い出の写真を持ちよって、その時のことを話す会です」という。とっても素敵な試みだと思う。

解題 死を意識すれば生き方が変わる

人生に言い訳している時間なんてない。したいことをしなければ人生なんてあっという間に終わってしまう。いつ何時、自分が思わぬ病気になったり、事故にあったり、もしくは自然災害や戦争に巻き込まれるかもわからない。

今を精一杯生きる。言い訳している暇なんかない。やりたいことをやるか、やらないか。人生ただそれだけ。40歳の若さでガンになったからこそ、かつて好きだった写真に目覚め、その写真の素晴らしさを再認識し、大学顧問のネガティブな言葉による心のブレーキも取り払い、写真家として独立起業した。

「会社員の時より目が輝いているって言われます」と永田さん。

もしかしたら会社で仕事をしているより、好きな仕事をすることで病気が治ってしまうかもしれない。

ほんと、人生なんてあっけないんだから。人生が有限で、死がそう遠くはない存在であることに気づいた時、人は目が輝く人生を歩めるんだと思う。

関連リンク

・ホームページ「写心庵」http://photo-thera.com/
・フェイスブック「永田知之」https://www.facebook.com/tomoyuki.nagata.54

発信の巻——ネットを武器にする

唯野奈津実

矢部澄翔

吉井江里

オカベテルマサ

丸井章夫

カラオケ評論家

唯野奈津実

歌が超下手だったのにカラオケ評論家として仕事をしている人

好きなことを仕事にできるわけがない。好きなことがあるけど、下手だから仕事になんかできない。そんな言い訳を言う人は大勢いるが、ぜひそういう方に紹介したい人がいる。カラオケ評論家の唯野奈津実《ゆいのなつみ》さんだ。

歌があまりに下手すぎて周囲のひんしゅくを買い、カラオケで歌っていると、演奏中止ボタンを押されたことも度々あったという唯野さんが、なぜ今「カラオケ評論家」として仕事ができているのか、話を聞いた。

（取材日：2014年5月22日）

プロフィール　1975年生まれ。カラオケボックス発祥の地、岡山県出身。筑波大学第二学群人間学類卒業。2001年にSEとして一般企業に就職後、カラオケ好きでカラオケ上達法を研究。独自の上達法を編み出し、2005年にメルマガ創刊。2010年に『カラオケ上達100の裏ワザ』出版。現在はカラオケトレンドの解説からカラオケ店のコンサルやカラオケ大会の企画・運営、テレビ番組のカラオケ企画の出演・制作協力などを行う、日本で唯一のカラオケ評論家（商標登録済み）。

歌は大好きだけど下手過ぎた

唯野さんがはじめてカラオケボックスに行ったのは中学3年生の時。当時大流行していたKANの「愛は勝つ」を歌い始めたのだが、一番を歌い終わる頃には、部屋中から失笑が巻き起こっていた。音程めちゃめちゃ、伴奏無視。とても聞いてはいられないほどの下手さだったという。

でも当の本人は、まるで歌手になった気分で気持ちよく歌っていた。カラオケにすっかりはまったものの、歌が下手過ぎてスリッパを投げられたり、演奏中に停止させられたり……。次第にカラオケ仲間もいなくなり、一人カラオケすることも多くなった。

カラオケは下手だったが数学はできた。大学は、一人暮らしをしたいとの思いから生まれ育った岡山を離れ、大阪の関西大学工学部へ。ところが大学合格という人生の目標を達してしまい、喪失感にさいなまれて引きこもりに。せっかく入学したのに、目標喪失状態で通うことができなくなり、2年で大学を辞めてしまった。

その後1年間、カラオケボックスでアルバイトしてお金をため、心理学を勉強しようと筑波大学第二学群人間学類に入学。ただ大学入学後は、心理学の勉強よりカラオケスナックでアルバイトをするのが楽しくて仕方がなかったという。単位を取り終えると、毎日のように一人カラオケに行く日々。とにかくカラオケが大好きだった。

もちろんカラオケや歌が仕事になるなんて思いもせず、２００１年にシステムエンジニアとして一般企業に就職した。

歌が下手だからこそわかる真の歌の上達法メルマガ発刊！

その後は一般企業で働くかたわら、より歌がうまくなりたいと試行錯誤や研究を重ねていた。そこで唯野さんはあることに気づいた。

「歌のうまい人が教えるカラオケ上達方法や、ボイストレーニングのプロが教える上達方法はあっても、内容が難しいものばかり。それに教える人がうますぎるので、下手な人がどこでつまずいてしまうか、わかっていない。基礎的な情報がまったくない。自分なら歌が下手だったからこそ、下手からどうやって、人並みに歌えるかを教えることができる！」

そう考え、２００５年当時流行っていたメルマガで、「カラオケ上達実践バイブル」という情報発信を始めることに。歌が超下手、かつカラオケ大好きだからこそわかる、読者に簡単でわかりやすい情報提供を行った結果、メルマガ部数は７０００部にも達したという。

でもこの時、唯野さんは、カラオケ評論家として仕事をするためにメルマガを始めたわけではなく、ただただ自分のこれまでやってきたことや、好きなカラオケの情報発信をしてみたいと思っただけだったという。

その後もカラオケ大好きゆえに、もっとうまくなりたいという一心で様々な研究を重ねた結果、２００９年頃にはカラオケ大会で優勝・入賞をするまでになった。

ちなみにカラオケがうまくなるポイントは、①自分の歌を録音して聴き直す、②一人カラオケで練習する、とのこと。

またメルマガがおもしろいと話題になり、『カラオケ上達１００の裏ワザ』（リットーミュージック）の出版が決まった。出版を契機に、カラオケに詳しい専門家としてメディア出演依頼が急増。思えば、中立的な存在でカラオケに詳しい専門家がいない。カラオケ評論家として本格的に活動を始めることにした。

メディア出演、カラオケ関連の執筆、カラオケメーカーにユーザー目線でのアドバイス、メニュー開発やカラオケルームのプロデュース、カラオケ大会の企画アドバイスなど、カラオケ関連の仕事が増えるようになった。２０１４年６月８日に行われた「東京カラオケグランプリ２０１４」では、イベントのプロデュースを手掛けることになった。

こうして歌が超下手だったけど、歌やカラオケが大好きだった唯野さんは、カラオケ評論家として、「好き」が仕事になっているのだ。

どんなに下手でも本当に好きであれば仕事になる！

唯野さんは今までの経歴を振り返ってこんな風に言う。

「下手でも好きなことって、ものすごいパワーが出るんです。我慢して嫌なことをしていたら、仕事のパフォーマンスは落ちると思う。だから多くの人に好きなことを仕事にしてほしい」

その方法はズバリ、好きなことをテーマに評論家と名乗り、ネットで情報発信すること。

「私の場合は当時流行っていたメルマガがきっかけでした。今ならブログでとりあえず100記事アップすることを目標に情報発信したらいい。また好きを仕事にしたいのなら、ホームページを作成して、ちゃんと顔写真も出し、連絡先も明記すればいい。意外とそういう当たり前のことをしていない人が多いんですよね」

「私は特別なことは何もしていない。誰もができる手段で情報発信をしただけ。私の場合は好きなことがカラオケだったけど、他の人もそれぞれ自分の好きなことで情報発信をすればいい。やるか、やらないか。たったそれだけで、人生が楽しくなるかどうかが決まる」

好きなことを仕事にする唯野さん流のノウハウについては『副業革命！ スキマ評論家入門』（リットーミュージック）に詳しく書かれている。この本の内容は素晴らしく、私がブログで発信していることとも共通することが多いので、詳しく知りたい方はぜひこの本を読むといいと思う。

「多くの人が好きなことを仕事にして、それぞれが発揮したら、社会はすごいことになるのに」と唯野さんが言っていったが、まさに私も同じ思いだ。

解題　できる／できないかではなく、好きかどうかが大事

つい最近、こんな意見が私に寄せられた。「自分には特別な才能なんかない。いや多くの人がそう。だから、かさこさんがブログで書いているように、好きを仕事にするとか無理なんじゃないか。かさこさんが取り上げている人は、もともと才能や能力があったからではないか。普通の人にはそんなことできるわけがない」と。

はっきりいってそれは言い訳だ。自分自身と向き合わず、現状のラクな生活に安住し、他人は特別で私は普通と思い込むことによる逃げの生き方だと思う。それで人生楽しいならいいけど、もしそうでないなら、真剣に人生と自分と向き合い、好きなことで情報発信してみたらいい。ブログで100記事書いてみたらいい。

唯野さんの事例を見ればわかる通り、歌やカラオケは好きだったけど、めちゃくちゃ下手だった人が好きを仕事にしている。しかも謙遜とかではなく、普通レベルでもなく、かなりの下手なレベルだった。それでも好きだからこそうまくなりたいと続けた結果、それが仕事になっている。

「才能とは持続する情熱」。

先天的な才能の有無なんて関係ない。もし社会や会社に不満があるなら、好きなことをネットで情報発信してみればいい。お金もかからない。誰もができる。難しいことは何もない。それで自分の好きなことを仕事にしている人がいる。唯野さんの言うように「やるか、やらないか」、ただそれだけだと思う。

好きなことならすさまじいパワーを発揮できる。イヤイヤ仕事している人間からサービスを受けたくないし、そんな人間から商品なんて買いたくもない。イヤイヤ仕事をしている人間が多いから、机上の空論で、ユーザーから乖離した商品やサービスが横行しているんだと思う。

いつ死ぬかもわからない、たった一度の人生を楽しみたいのなら、好きなことで情報発信をしよう。好きなことをすればいい。誰の人生でもない。あなた自身の人生なのだから。

関連リンク

・ホームページ「唯野奈津実のカラオケ世界」http://enjoysing.com/
・ブログ「唯野奈津実のカラオケ評論家日記」http://ameblo.jp/yuinonatsumi/
・フェイスブック「唯野奈津実」https://www.facebook.com/natsumi.yuino

書道家

矢部澄翔

会社員から書道家に転身！ パラレルキャリアとネットが切り開いた「好きを仕事に」

「まさか書道が仕事になるとは思ってもみなかった」。そう語るのは、書道家の矢部澄翔《ちょうしょう》さん。テレビや雑誌の題字ほか、斬新な書道パフォーマンスで海外イベントにも出演している活躍中の書道家なのだが、もともと書道家になろうとは思わず、どこにでもいる普通の会社員生活を送っていた。8年間の会社員生活からどうして書道家になれたのか、話を聞いた。

（取材日：2014年8月18日）

プロフィール　1976年、埼玉県川越市出身。書道を舞台芸術に高めた書道パフォーマンスやワークショップを全国で展開、映像・広告タイトルやロゴデザインも多数手がけている。また、眞墨書道教室で100名以上の門下生を指導し、師範育成にも力を入れている。特に、書道の魅力を海外へ発信する「世界書紀行」では、世界15ヵ国以上で作品を発表し、国内外で高い評価を得ている新進気鋭の書家。

会社を転々としながら書道教室を副業ではじめる

書道は6歳の時から学んでいた。22歳で書道師範の資格も取得した。でも書道を仕事にしようとは思ったこともなければ、できるとも思っていなかった。ただ趣味で続けていた。「将来、子どもが生まれて会社で働けなくなった時に、おこづかい稼ぎ程度で書道教室でもやればいいかな」ぐらいの気持ちは大学生の時にあったという。

趣味が書道といっても、書道だけにのめりこんでいたわけではない。高校時代はほぼ毎日練習がある吹奏楽部に熱中し、大学はファッション関係の勉強を専門にしていた。

いざ就職活動をする頃になると、世は就職氷河期の真っ只中。地元から近いところでアパレル関係ならどこでもいいかなと思い、軽い気持ちで、埼玉のユニホーム会社を受けたら採用された。とりあえず受かったからいいかと1社で就職活動をやめ、この会社に新卒で入社した。

のんびりとしたいい会社ではあったが、ここに一生いてもアパレル関係でキャリアステップは望めそうにない。社内でちょっとしたごたごたもあり、同期で入社した社員が次々と辞めていく。「私も辞めたい」。入社3ヵ月でそう思ったが、もう少しがんばってみようとか、会社を辞めるなんて無謀ではないかと、結局、辞めるまでに1年半かかった。

さてどうしよう。就職活動は1社しかしたことがないのに、転職活動がまともにできるのか。

とりあえず面接の練習にと、転職情報誌で見つけたリクルートに面接に行くと、なんと採用に！　習い事の情報誌の広告制作をする部署に行くことになり、取引先には書道の学校もあった。こんなところで書道に出会うなんて。取材に同行することもあったが、若くして書道教室を運営する人にも出会った。

書道教室は若い人がやってはいけないものだと、矢部さんは勝手に思い込んでいた。長年キャリアを積んだそれなりの年齢の人がやるものだと。でも若くして書道教室をしている人を見るにつれて、自分の書道熱が盛り上がってきた。

「若い人でも書道教室をしてもいいんだ！　私にもできるかもしれない……」

リクルートの仕事は楽しかった。みんな前向きに仕事に取り組み、雰囲気もよかった。しかし矢部さんがしていた営業アシスタントの仕事が、2年後にシステム化することになり、人が必要なくなった。別部署や営業職での転身もできたが、これをいい機会に、書道にも力を入れながら仕事ができる環境に転じようと、リクルートを約3年で退職することにした。

その後、広告代理店や飛び込み営業の仕事を経て、通販会社の広告制作職に転職。ここは休みも多く、定時にも帰れるいい職場。空いた時間を書道に費やすようになった。

2004年12月頃から、休日に書道教室を始めることに。いつか書道で独立したいと、会社員のかたわら副業も行う、パラレルキャリアを実践し始めた。

書道パフォーマンスに圧倒される！

そんなある時、矢部さんの「書道観」を覆される出来事があった。ある書道家の書道パフォーマンスだ。

書道の世界には、師匠が弟子にお手本を見せるための、デモンストレーションのようなものは昔からあった。でもこういった、一般のお客さんを呼んで楽しませる、エンターテイメント性の高いパフォーマンスをするという発想はなかった。

「私もいつかやってみたい」

矢部さんの書道熱に新たな火がついた。

ますます書道への気持ちが高まっていく中、会社にいても書道のことを考えてばかり。書道教室オープンにあわせて始めた、ホームページやブログの更新が気になって仕方がない。

そんな矢先、勤めていた通販会社に不祥事があった。その影響を受け、矢部さんのボーナスが全カットに。

「ボーナスを次の書道の展覧会費用にあてるはずだったのに……」

この時感じたのは、サラリーマンであることのリスク。自分の仕事うんぬんに関係なく、会社の事情でボーナスがカットされてしまうこともある。リクルート時代は仕事がシステムに置き換わるということで、会社を辞めることにもなった。

会社員は決して安泰ではない。自分とは関係のない要因で職を失ったり、給料が減らされてしまうこともある。どうせリスクを負うのなら、自分で独立した方がいいのではないか。

会社を辞めて書道で独立するか否か。そんな迷いを抱いていた最中に、ある書家の展示会を見て衝撃を受けた。

「書を見て感動し、心に響いたのはこの時がはじめて」

矢部さんがこれまでやってきた書道といえば、いかに上手く字を書くかということばかりだった。でもこの展示を見て心を動かされたのは、字が上手いとか下手とかではなく、書で「表現」をしていたこと。自分もこんな書を書いていきたい――そんな思いを強く抱いた。

2006年、約3年勤めた通販会社を辞めて書道家として独立することを決心した。

ネットのおかげで仕事が舞い込んだ！

会社員時代から書道教室を運営していたものの、休日限定のためそれほど生徒もおらず、独立してすぐに食べていけるだけの収入を得ることはできなかった。

「とりあえずやりたいことは全部やってみる。できることは全部やってみる。後からすることは絞ればいい」

そんなスタンスで独立1年目は、念願の書道パフォーマンスに挑戦したり、商品パッケージの書を書いたり、いろんなことにトライした。結果、その仕事ぶりを見た方から仕事がくるように。

また、ホームページやブログ、SNSの更新にも力を入れた結果、ネットを読んで考えに共感してくれた方から、仕事の依頼が舞い込んできたり、仕事の紹介をしてくれるようになった。

「会社員の時はメディア出演などの仕事は、立場的に受けられないものもあり、会社員で副業することの制約を感じることも多かった。でも独立したおかげでいろんな仕事の依頼を受けられるようになった」

独立してから1〜2年過ぎると、会社員時代の給料並みに稼げるようになった。

「私から営業したことは一切ない」と矢部さんはいう。仕事はホームページ、ブログ、SNS経由がほとんど。もしくは人の紹介。口コミ。仕事を依頼してくれた方がリピーターになってくれること。こうして営業することなく、仕事を順調に拡大させた。

書道以外の経験が独立の役に立つ

なぜこうもスムーズに独立できたのか。それは今まで書道とはまったく関係のないことをやってきたからだという。

「私の書道パフォーマンスはただ字を書くだけでなく、音楽や演出や着る服も自分でデザインするなど、自分でステージを総合演出できることが他の人とは違う強みになっています。こうしたことができるのは、高校時代に吹奏楽部でマーチングバンドをしていて、行進の仕方、動き方、見せ方などを実地でやった経験があることと、ファッション専攻の大学時代に自分で服をデザインしたり、大学の授業でファッションショーの企画やモデルをした経験があるからです」

これまで自分がやってきた経験をフルに活かして、単なる書道家にはできない、オリジナリティあふれるパフォーマンスを実現させた。

「リクルート時代は広告営業のアシスタントをしていて、取引先は塾や習い事の教室ばかり。そこで生徒募集の集客の提案や広告制作の仕事をしていたので、自分が書道教室をする時にも集客や広告制作に苦労しなかった」という。

「また広告代理店にいたり、通販会社で広告制作の仕事をしていたので、企業の広告仕事にも慣れていた。このためロゴの仕事、商品パッケージの仕事、企業内のイベントでのパフォーマンスなど、企業相手の仕事もスムーズにできた」と話す。

書道とは一見関係のないキャリアが、独立した後にすべて役に立っているのだ。

自費でも海外イベントに積極参加

矢部さんのユニークな書道パフォーマンスに魅せられた人が多く、見た人のつながりから、海外イベントのオファーもあった。はじめの頃はオファーといっても自費参加。旅費もかかるし、出演料ももちろんなく、しかも行っている間は他の仕事はできなくなってしまう。

「でもこんな経験はめったにできない。それに何より海外のイベントに出演したことは、自分の活動の宣伝にもなる。他の人と同じことをやっていてはダメ。与えられたチャンスを活かしたい」

独立した1年目、スペインの世界遺産の街サラマンカで、「JAPAN WEEK」のイベントに呼ばれた。JAPAN WEEKのオープニングや劇場公演では10m以上の書道パフォーマンスを披露した。その様子は地元の新聞数紙が一面に写真を載せてくれたという。

はじめは自費でも実績作りになる。自費でも先行投資とわりきって活動をした結果、こうした海外での活動が話題となり、日本での仕事の依頼が増えたり、海外でのオファーも旅費や出演料が出る仕事も増えてきた。

こうして矢部さんは書道家としての仕事を広げ、現在は書道教室、パフォーマンス、ロゴデザイン、題字、講演、ワークショップ、海外活動など、活躍の幅をどんどん広げている。

今は、生まれ育った小江戸と呼ばれる埼玉県川越市で書道教室を経営しつつ、川越を世界に発信する活動も、地元の人たちと協力して行っている。

解題　会社員の経験は独立に役に立つ

どこにでもいる会社員が書道家として独立し、海外からオファーを受けるようにまでなる。書道は6歳の頃から習っていたとはいえ、単に上手いだけでこの仕事ができるわけではない。矢部さんの独立成功の要因は、これまで様々なキャリアを積み、それを独立後、すべて活かしていることと、ネットの力をフル活用したことにあるのではないか。

矢部さんの独立する過程は、私のこれまでのキャリアとダブるところが非常に多い。私も会社員時代を長らく経験し、そこでの経験を独立後に活かしていること。パラレルキャリアで会社員時代から個人の仕事を始めたこと。ネットの力を活用して仕事をとってきていること。だから、今会社員だからといって悲観する必要はない。会社員時代の経験は関係ないように見えて、好きなことを仕事にする上で、独立して仕事をする上で、非常に役立つ経験になる。矢部さんのようにネットを活用し、パラレルキャリアをしながら独立機会をうかがうという方法が、好きを仕事にする成功への近道ではないかと思う。

ちなみに矢部さんと知り合ったのは、私のクリエイターEXPO出展の記事を見てくれたのがきっかけ。そこから私のホームページに飛んだところ、「川越高校出身」とプロフィールに書かれていたことから、矢部さんの地元で「川高出身なんだ!」と親近感を持っていただき、メールのやりとりから取材に発展した。ネットでのセルフブランディングは、戦略的なプロフィールが大事。普通は大学から卒業歴を書くプロフィールに、敢えて出身高校も書いてあることで、これまで何人ものの人とつながったことか!

関連リンク

・個人ホームページ「書家 矢部澄翔オフィシャルサイト」http://www.yabe-chosho.com/
・書道教室ホームページ「眞墨書道教室」http://yabe-chosho.com/shodou/
・フェイスブック「矢部澄翔」https://www.facebook.com/yabechosho

音楽教室主宰

吉井江里

夫急死を契機にブログに力を入れて今は楽しく暮らす女性音楽家

夫が52歳の若さで急死し、これから進学する2人娘を残された吉井江里さん。吉井さん自身の収入は月7万円程度しかない。

この状況をどのように打開し、今は楽しく暮らせるようになったのか。

（取材日：2013年5月）

プロフィール　岡山県岡山市出身。山陽女子高校音楽科卒業。国立音楽大学教育音楽学科卒業。現在、「sotto-voce ソットヴォーチェ（吉井江里音楽教室）」主宰。岡山市を拠点に、合唱指導、ボイストレーニング、個人レッスン、演奏、作曲など、幅広い音楽活動を行う。

ネットのおかげで音楽教室の仕事が増える

２００８年、夫が突如入院することになり、１ヵ月で急死した。52歳の若さだった。これから毎月の仕送りがかかる中学生と高校生の娘２人がいた。住宅ローンも残っている。吉井江里さんは主婦を務めるかたわら、音楽指導の仕事などをしていたが、月７万円程度の収入しかなかった。

突然の大黒柱の死に頭が真っ白になった。どうしよう、これからの人生。お金は？　生活は？　子どもたちは？

とにかくいろんな人に会って、アドバイスを聞いてみようと情報収集をした。１つの結論はホームページとブログの情報発信に力を入れることだった。

これまでブログをやっていたが、別に仕事のためにやっていたわけではなく、なんとく周囲に誘われるまま、「どこどこに行ってきました」程度の日記を上げるだけだった。それに、吉井さんの受講生の多くは、60～80歳ぐらいの高齢者のために、ネットで情報発信をしても効果はないとも思っていた。

ところがホームページを立ち上げると、ネット経由の問い合わせが格段に増えた。しかも若い人だけでなく高齢の方も圧倒的に多い。高齢の人はネットを使えないと思い込んでいたが、実際にはそんなことはなかったと思い知った。

「主に中高年向けの歌の講座や合唱の指導をしているうちに、一人暮らしの方が多いことに気がつきました。しゃべることが少なくなってきて、声が出なくなったけど、歌を歌いに来て声が出るようになってきたという感想や、友達ができてうれしいという率直な気持ちをみなさん語ってくれます」

「閉じこもりがちな高齢者が、歌の会で出会うって素敵なことですよね。男の方も最初は少なかったのですが、だんだん増えてきて、連れ立っていろいろなことを一緒にしている。また、女性の場合は手仕事を一緒にするのを約束したりして、なんだかすごくみなさんが元気に楽しそうなんです」

「歌は健康にも心にもいいんだ！」とブログで書いていたら、講演の依頼も少しずつ入るようになったという。

岡山という地方で音楽の仕事には限界があると思っていたが、そんなことはなかった。営業努力、宣伝努力が足りなかったことと、その方法が間違っていただけだった。

同じ音楽家仲間には、自らネットなどで宣伝することを「恥ずかしい」と感じる人も多かったという。でもそんなことはない。歌を習いたい人がネットで検索し、そこにヒットして興味を持ってくれる。当たり前の話がネットにはあった。

ネットでの情報発信を強化し、音楽の仕事を軌道に乗せようとしていたところ、私のブログをたまたま発見し、「毎日ブログで情報発信せよ！」という話に勇気をもらったという。

以降、ブログの情報発信にも力を入れた。単なる日記だけでなく、受講生が興味を持ってくれるような音楽の話や、日々の活動内容などを中心に更新を続けた。

「受講生がけっこう読んでくれているんです」と吉井さんはいう。ブログの情報発信も加わり、受講生とのコミュニケーションも深くなり、いい循環が生まれ始めた。

今、娘は2人とも都内の大学生。自分の仕事で教育費もなんとかやれている。

「でも必死にアップアップで仕事をしている感じはなく、むしろ毎日が充実していて楽しい」

ここにもホームページやブログがきっかけで、人生を変えた人がいた。

ダメ出しにめげずに、自分に投資

吉井さんの素晴らしいところは、謙虚に人のアドバイスを聞ける姿勢があることだ。

若い頃、ホテルのラウンジでピアノを弾く仕事の打診があり、オーディションを受けたが、「君はぜんぜんダメだ！」とダメ出しされた。

「歌謡曲1000曲が収録された本と外国の曲1000曲が収録された本を買い、それを繰り返し弾くぐらいのことをしなければダメだ」

当時そういった歌集は1冊5000円もしたので買うのを躊躇したが、これができなければ前に進めないと考え、購入し、毎日のように練習した。

「若い頃に苦労し、自分に投資した分が、今、私の技術や貯金となって生きている」

ピアノの伴奏の仕事をしていた時のこと。渡された楽譜をすべて覚えていっても、本番でやるのはすべてではない。「だったらやる曲だけ練習すればいいのに。無駄だな」と思っていたところ、ある人からこうアドバイスされた。

「無駄だなんて思っちゃいけない！　このおかげであなたのレパートリーがどんどん増えるんじゃないか。ありがたくいろんな曲を練習すべき」

そう言われて考え方を変えることができた。

こうして時に厳しいアドバイスも素直に聞き、自分のこれまでの考え方を変え、貪欲に吸収してきた。

「いくらネットで発信がうまくても、技術がなければお客さんはついてこない。今も日々新しいことを勉強し続けています」という。

夫のまさかの急死。将来の生活不安。でも今はとても楽しく暮らしている吉井さん。

「育児も家事も看病もいろいろ大変だったけど、でもずっと好きな音楽を続けてこれたからこそ、がんばれてこれたんだと思う。私は好きなことが仕事になっているけど、別にそうじゃなくてもいい。好きなことがあれば人はがんばれる。それにどんなに絶望的な状況でも、やり方を工夫すればどうにかなるもんだと実感した」

今の時代、人生を切り開くには、ネットでの情報発信に尽きると思う。そしてお金になる／ならないに関係なく、好きなことを続けることだと思う。

解題　どんな苦境でも好きなことが心の支えになる

もし吉井さんが音楽活動をしていなかったらどうだっただろうか？　夫の急死で精神的ショックが大きく、立ち直れなかったのではないか。仮に子どもの教育費や生活費を稼ぐために働かなければならないと思ったとしても、好きでもない仕事だったらどれだけがんばれただろうか。お金を稼げたとしても、精神的には苦しい生活になってしまうのではないか。

好きなことを仕事にできたからこそ、逆境もはねのけることができ、今は笑って暮らせるのではないか。地方という地の利の悪さがあっても、ネットで情報発信することで集客につなげることができた。しかも一般的にはネットをあまり利用していないはずと言われている高齢者の集客になった。何事もやってみなければわからない。私たちが思っている以上に、多くの人がネットを利用し、サービスや商品を探しているのかもしれない。

好きなことがあれば心の支えにもなるし、経済的な支えにもなる。好きなことをネットで情報発信することが、どんなことがあっても楽しく生きる秘訣ではないだろうか。

関連リンク

・ホームページ「sotto-voce ソットヴォーチェ（吉井江里音楽教室）」http://sotto-voce.petit.cc/

・ブログ「吉井江里音楽教室 sotto-voce」http://erisotto.exblog.jp/

ブロガー

オカベテルマサ

ブログで稼げるので妻子がいるのに会社を辞めました

「専業主婦の妻と今度幼稚園に入学する娘がいますが、ブログで稼げるので2013年末に会社を辞めました」と、先日参加したイベントで驚きの発言をしたのは、「オレガジェット」というサイトを運営するオカベテルマサさん。

ブログのアフィリエイトだけで稼いでいくのは至難の技だが、妻子もいるのに会社を辞める決断をしたのは、きっと何か勝算なり独自の戦略なりがあるに違いないと思い、話を聞いた。

（取材日：2014年4月24日）

プロフィール　1978年、埼玉県熊谷市出身。高校卒業後、専門学校に通った後、フリーターや契約社員などを経て、2008年29歳の時に印刷会社の正社員に。2013年末に会社を辞め、主にデジタルガジェットなどを紹介する「OREGADGET」の広告収入で生計を立てるブロガーとして独立。

会社の仕事がバカらしいと思える報酬体系

オカベさんは高校卒業後、映像系の専門学校に通った後、フリーターや契約社員などを経て、２００８年（29歳）の時に正社員になった。

「いつまでもプラプラした生活をしているわけにはいかない」

「今の仕事はどうしてもやりたいことではない。30歳を前に今後の人生を考え、やりたいことを仕事にしよう」

前々からやりたいと思っていたグラフィックデザイナーの勉強を半年間して、転職活動にのぞんだ。29歳の未経験を採用してくれる会社はほとんどなく、転職活動は厳しかったが、印刷会社がデザイナーとして正社員で雇ってくれることになった。

給料は20万円台で平日は9時から22時の勤務。土曜日もたまに出勤がある。とはいえ「はじめの3年間は楽しかった」とオカベさんは言う。今までの仕事とは違い、やりたいことを仕事にできているからだ。毎日が新鮮な経験だった。

ただ3年が過ぎて仕事に慣れてくると、いろいろな不満が増えてきた。確かにデザイナーとして仕事をしているが、クリエイティブな要素の少ないおカタい仕事が多いこと。年々昇給するという話だったが、２００８年のリーマンショックで売上が激減し、期待するほどの昇給がなくなってしまったこと。

一方で、仕事ができるようになると、印刷物のデザインだけでなく、Ｗｅｂデザインや映像の仕事も任されるようになり、仕事量だけは増えていくことに。転職後、結婚もして子どもも生まれたので、この給料では生活はかなり厳しい。

「仕事量は増えているのに、どれだけ仕事でがんばっても給料が増えない」

そこで何か副業で稼げないかと思ってはじめたのが、アフィリエイトのブログだった。

会社でがんばるよりブログでがんばれば稼げる！

当初は他人のモノマネではじめてみたが、ほとんど稼げない。試行錯誤している中、スマホのアクセサリーに目をつけ、このテーマに特化したところ、月2万円ぐらいのアフィリエイト収入が入ってくるようになった。20万円台の給料しかない会社員にとって、月2万円の収入は貴重だ。

しかしそれ以上の収入にはなかなかならない。スマホは大好きだったがアクセサリーに特に興味があったわけではないので、ブログを更新するのもしんどくなってきた。毎日の会社仕事も忙しいので、いつしかブログは放置するようになった。

しかしブログを辞めれば収入は減る。そこでオカベさんは「やるなら本気でやろう！」と、２０１２年1月、お金を払って独自ドメインとサーバーを借りた。

ところがサイトのデザインはどうしようかとか、どんな内容のブログを書こうかなどとあれこれ考えていたら、なかなかサイトを更新することができず、はじめて記事をアップしたのは7月のこと。その後もなかなか更新は続かず、有料でサーバーを借りたのに、2012年は7月と8月にわずか6記事しかアップできなかった。

このままではマズイ。生活もなんとかしたい。ブログで稼ごうとの気持ちを新たにし、2013年1月に気合いを入れ直して更新をスタートした。

会社員のかたわら、ほぼ毎日のように記事を更新。はじめの3ヵ月はアフィリエイトや広告収入はなかったが、2013年4月に約1・5万円、5月に約3万円、8月には約8万円になり、10月には約20万円に達した。1ヵ月で20万円といえば、勤める会社の給料分に近い金額だ。

この時、オカベさんは思った。

「会社でいくら仕事をがんばっても給料は増えないが、ブログでがんばれば、がんばった分だけ収入が増える」

こうしてオカベさんは会社にいる時もブログを更新するようになった。

社内でブログを更新していることが社長にみつかり、注意を受けた。その時はすみませんと謝ったが、1週間後、再び社内でブログ更新しているところを社長に発見され、今後どうするのか、決断することになった。会社をとるか、ブログをとるか。

オカベさんの心はもう前々から決まっていた。このままこの会社で働き続けても、給料は増えず、拘束時間は多く、家族との時間もとれないし、貧しい生活から抜け出せない。これを機に独立しようと考え、２０１３年12月末で退職することにした。

ブログだけで稼ぐなんて無謀なことはしない

会社を辞めた翌月の２０１４年1月は、ブログ収入がなんと前職の給料を超え、過去最高金額を達成した。しかしその後、右肩上がりにブログ収入が増えているわけではなく、やや収入が落ち込んだ月もあった。

ただこのあたりはオカベさんもしっかり念頭においていた。

「会社を辞めて主にブログで稼いでいますが、ブログ一本だけで稼ぐなんて怖すぎてできません。仮にブログからの広告収入やアフィリエイト収入がなくなったとしても生活できるよう、収入を分散化させる柱を作っています」

１つはグラフィックデザイナーの仕事。5年間も印刷会社でデザイナーの仕事を任されていたら、一通りのデザイン仕事はできる。ブログだけで稼ごうという無謀な人とは違い、ちゃんとお金にできる手に職のスキルを持っていることが、オカベさんの大きな強みだ。

２つ目はブログ術セミナーやスマホセミナー、ブログやスマホの指導。といってもブログで稼ぎましょうという内容が主ではなく、むしろブログで情報発信してネット上で存在感を高め、個人事業主の宣伝や集客につなげたり、地域活性化につなげようというものだ。スマホ好きなこともあり、地方のシニア層などにスマホやタブレットの使い方を教えつつ、ブログの始め方を教えるなどのセミナーも考えており、すでにいろいろと根回しを始めている。セミナーの実績を作るべく、無料セミナーも始めた。またブログの内容が評価され、執筆依頼もきている。

3つ目は農業。これはすぐにすぐの話ではないが、オカベさんが理想とする生活は、自然に囲まれた地方で自分たちが食べられる分ぐらいの農業をしながら、ブログを更新して広告収入を稼ぎつつ、地方の人にスマホやブログを教えるというもの。子どもが小さいうちに、田舎暮らしをさせたいとの思いもある。

日々ブログを更新しながら、3つの柱を育てる準備にも余念がない。

オカベさんが会社を辞めて大事にしているのは家族の時間。今まで会社勤めの頃は9時~22時は会社にいたので、妻にも子どもにもほとんど会えないが、今は多くの時間を家族と接することができる。近くの図書館で9時半から17時ぐらいまでブログ更新などをした後、家に帰り、オカベさんが夕食をつくって、家族とのんびり過ごす。「会社を辞めて家族でいられる時間が増えたのがうれしい」と話す。

またオカベさんの場合、独立してブログでボロ儲けしたいという発想はない。家族との時間を大切にしながら、家族が食べていける分を稼げればそれでいい。「贅沢するほどのお金を稼ぎたいとかいう欲求はないです。稼ぐためにあやしげなことやあくどいことはしない」とポリシーを持ってやっている。

他人の迷惑をかえりみず、ネットで手軽に稼いで、ボロ儲けできればいいや、みたいな考えは彼にはないし、また地方出身者にありがちな、ネットで年収何千万円稼いで都内で豪遊し、ヒルズに住んで贅沢したいといった、おのぼりさん的発想も一切ない。地に足つけながら、現実をきちんと見て、でも先行きのない会社生活とは決別し、自分で稼げる道を一つひとつ切り開いている。

最近、ネット上でのアフィリエイトや広告収入で手軽にある程度は稼げることから、安易に会社を辞めてブログだけで食べていこうという無理ゲーをする、無謀な人があまりに多いが、オカベさんのようにしっかりした考えや戦略を持ち、身の丈にあった生活をしながら、ブログ以外の収入源も確保していくスタイルを参考にしてほしいと思う。

解題　会社でがんばっても稼げないもどかしさ

もし会社で仕事をがんばればがんばった分だけ報酬が増える仕組みなら、オカベさんのような優秀な人材は会社を辞めなかったのではないかと思う。優秀な人ほど会社を辞めてしまうのは、仕事の成果に見合った給料体系になっていないからではないか。

成果報酬や実力主義の給料体系を標榜するところも多いが、未だに年功序列の体系が強く、どれだけ仕事の成果を出してもボーナスが少し良くなるぐらいだけという会社も多い。これでは仕事を多くこなす社員に不満が出るのは当たり前だ。
独立していいところは、自分がやった分だけお金が入ってくること。正社員の給料体系を完全歩合とまでいかないまでも、優秀な社員を満足させる給料を支払う仕組みにしないと、優秀な人から独立していってしまうのではないだろうか。

関連リンク

・ブログ「オレガジェット」http://oregadget.net/
・もう1つのブログ「Another Creative Life」http://okabeterumasa.com/
・フェイスブック「岡部照将」https://www.facebook.com/okabe.terumasa

手相師

丸井章夫

パワハラ上司のおかげで会社を辞めて手相師として独立

上場企業でトントン拍子に出世していたのに、パワハラ上司のせいで36歳で会社を辞めることに。子どももいる中、なんと手相師として独立。今は著書もあり、活躍しているのが手相師の丸井章夫さんだ。

どうやって手相師になることができたのか、話を聞いた。

（取材日：２０１３年４月23日）

プロフィール　1972年、秋田県生まれ。愛知県在住。明治大学政治経済学部卒。19歳の頃からプロの手相師として仕事を行う。長年、上場企業で総務・人事・ＩＲ部門で懸命に勤務する中、2008年10月、独立。現在は愛知県名古屋市に店舗、鑑定オフィスを持ち、鑑定を行う。著書に『あきらめ上手になると悩みは消える』（サンマーク出版）。

出世街道からパワハラ上司の出現で退職に

「上場企業を辞めて手相師になる」

もし家族もいる一家の大黒柱がいい年してそんなこと言い出したら、どう思うだろう？　多くの人は大反対するのではないか。とてもまともな道とは思えない。いくら職場にパワハラ上司がいるからといって、少し我慢すれば異動になるかもしれない。手相師になるなんて辞めなさい！　というのがこれまでの常識だ。

しかしもはやそんな常識は通用しない時代になった。この選択は5年後、10年後に、「大正解だったね」「先見の明があったね」という話になるかもしれない。

名古屋で手相を見てもらった丸井章夫さんは、36歳まで人材派遣の上場企業のサラリーマンだった。30歳で主任、32歳で主事とトントン拍子に出世し、仕事にも満足していた。

ところがその後、上司にパワハラ部長がやってきた。ことごとく衝突し、どんどん職場で疲弊するようになった。そしてある時、体中が発疹だらけになり、ついには言葉すらまともに出ない状況に追い込まれた。パワハラ部長の存在が体にまで影響したのである。

やむなく休職。しかし子どももいて辞めるわけにはいかないと、なんとか職場復帰。でも休職から退職にいたるまでの3年間は、「人生最悪の時期」だったという。一度刷り込まれた会社への恐怖はぬぐいさりがたく、「このままではダメだ。会社を辞めて好きなことをしよう！」

と決意。２００８年10月、36歳で上場企業を辞めて、前々から好きだった手相師になることを決意した。

会社員時代も副業として手相師を続けることが独立成功に

なぜそんなことができたのか？

実は丸井さんは、子どもの頃から好きな手相見をサラリーマン時代にも続けており、見てほしいという人がいれば、ちょっとした副業として見ていた。２００６年にはホームページやブログを立ち上げ、手相について情報発信をしていたところ、ネット経由で見てほしいというお客さんも増えた。また、ＳＮＳの「ミクシィ」で手相のことをずっと書いていたら、「こんなに詳しい人なら見てほしい！」とお客さんがさらに増えていった。

まさにパラレルキャリアを実践していた人。会社で働きながらも、好きなことをネットで発信し続けることによって、好きなことがそれなりの副業として育っていたのだ。

こうしたネットでの活動もあり、２００９年に手相の本を出版することも決まっていた。だから上場企業だろうが、会社を辞めて手相師として独立するという思いきった決断をすることができたのだ。

解題　会社員時代から好きなことをネットで情報発信しよう

会社が頼りない時代を楽しく生きるには、会社をすぐ辞めるのではなく、好きなことを仕事にできるよう、ネットで情報発信し続けることだ。それをしていればやがてはビジネスに結びつき、丸井さんのようにパワハラ上司に出くわしても、そこで体の異常をきたしても無理に働き続けることなく、「この機会に好きなことで独立しよう」という決断ができるのだ。

今までは会社で嫌なことがあったとしても、終身雇用、定期昇給が約束されていたから、我慢していた方がトクだという判断があった。でも今はそうではない。我慢しても報われないのだ。いつ会社が傾くかもわからず、会社に奴隷のように尽くしたところで給料も上がらない、ポストも上がらない、終身雇用は保証してくれない、退職金すらもらえるかわからない。

うつ病になったり、体に異変が生じている人もいるが、それは心や体が生命として危険サインを発している証拠。会社にしがみついて我慢して働いても、何も報われないどころか、生命の危機すらあるなら、こんな会社は辞めた方がいいというサインだ。

だからこそ会社に頼らず生きていけるよう、会社に勤めながら、好きなことをネットで発信し、副業にした方がいい。それを何年か続けていれば、丸井さんのようにパワハラ上司に出くわしても、自分で食べていける手段があるから会社を辞めることができるのだ。
家庭を持ちながら、子どももいて、36歳で手相師として独立し、今はそれだけで食べていけている。それは好きなことをずっと続けてきて、それをネットで発信し続けていたからだろう。

関連リンク

・ホームページ「丸井章夫 鑑定ＨＰ」http://heartland-palmistry.com/
・フェイスブック「丸井章夫」https://www.facebook.com/marui.akio/

転換の巻

――新しいビジネスモデルに生きる

海保けんたろー

中村文也

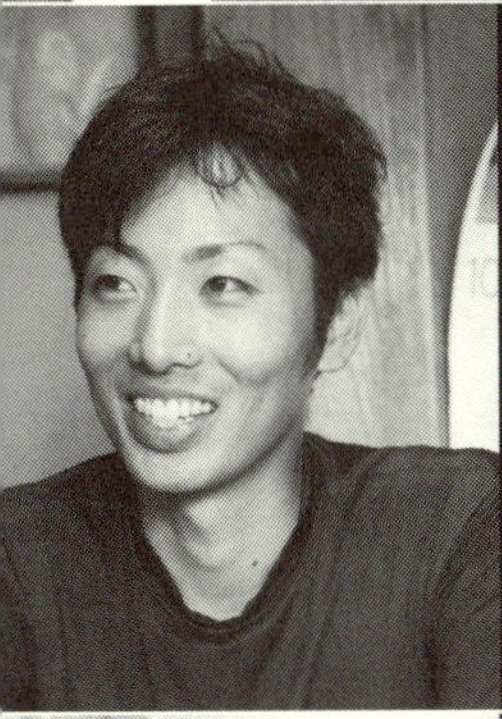
柴海祐也

依田花蓮

バンドマン兼IT企業社長

海保けんたろー

バンドマンをしながらIT企業の社長に！CDが売れない音楽業界の変革をめざす

メジャーデビュー経験もあるバンドマンが、今も音楽活動をしながら、なんとバンドのメンバーでIT企業を設立！　CDを売るビジネスモデルが崩壊した今、音楽で食えない時代を変える新たなモデルを構築するためだ。

ドラマーとIT企業の社長という二足のわらじをはき、音楽業界の変革にまい進する海保けんたろーさんのこれまでの人生を振り返りながら、新たな音楽業界の展望について語っていただいた。

（取材日：2015年1月3日）

プロフィール　1981年、東京生まれ。2000年、東京都立文京高等学校卒業。卒業後、アルバイトをしながら音楽活動を行う。2008年にバンド「メリディアンローグ」でメジャーデビュー。2011年に音楽業界の新たなビジネスモデルを立ち上げるため、株式会社ワールドスケープを設立し、代表取締役に就任。無料音楽配信サイト「フリクル」を運営。

多くの人が望んでいながらなかなかできない「音楽で食う」を24歳で実現

音楽で食べていきたいという人は多くいる。でもほとんどの人は音楽だけでは食べていけず、アルバイトをしながら音楽活動は赤字、という人が多い。海保さんもはじめはそうだった。

そもそも海保さんが音楽に目覚めたのは中学校の頃。好きな女の子が吹奏楽部でドラムを叩いていたので興味を持ち、高校でブラスバンド部に入りドラムを始めた。高校2年生になり、卒業後の進路を考えた時に、「やりたくないことで人生の時間を埋めてしまいたくない。アフターファイブだけを充実させるのではなく、ビフォアファイブも充実させたい」との思いから音楽の道へ進んだ。ドラム以外にもベースやギターも弾けたが、一番好きなドラムを選び、プロドラマーとして有名な榎本吉高氏に2年間、個人レッスンを受けた。

はじめは音楽をめざす多くの若者と同じように、アルバイトをしながら音楽活動の日々。稼いだお金は音楽に消えていく。

「どうしたら音楽で食えるようになるか」と考えた時、思い浮かんだことがあった。「他バンドのサポートでドラムをすることでお金を得られるのではないか」と。

いろいろなライブイベントに参加していたが、ギター、ベース、ボーカルに比べて、ドラムを担当できる人は圧倒的に少なく、ドラマーはいろんなバンドをかけもちしていた。海保さんも無料でサポートドラマーをしていたが、「これは無料ではなく有料にできるのではないか」と考えた。

実際、有料にしてもサポートの依頼はなくならなかった。そこで2005年、24歳の時に「音楽だけで食えるのか」を実証するため、アルバイトをすべてやめ、サポートドラマーに専念することに。1年間で10数のバンドのサポートを行い、150本以上のライブをこなし、アルバイトせずとも音楽だけで食べることができた。さらにドラムの個人レッスンもスタートさせ、こちらも収入源となった。

多くの若者が持ち出し（赤字）で音楽活動をして、しかも音楽活動とは関係のないアルバイトに時間をとられている中、「音楽で食える」を見事に実現したのだ。

メジャーデビューを果たすも音楽業界の異変を感じる

ただ海保さんは2006年以降、サポートドラムの仕事を減らした。メンバーとして加入している「メリディアンローグ」というバンドの活動に力を入れるためだった。

サポートをすることで確かに音楽だけで稼げるようになった。でも夢はそれだけじゃない。音楽で評価されたい。有名になりたい。影響力を持ちたい。メジャーデビューしたい。バンドで売れたい。様々なバンドを見てきた中で、音楽性に共通のものを感じ、また自分の意見を反映して音楽活動ができる「メリディアンローグ」に力を入れたいとの思いがあった。

バンドが売れるためにはどうしたらいいかを徹底的に考え、ライブハウスより路上ライブに力を入れることにした。ライブハウスは主に知り合いにしか見てもらえない。しかも有料なのでお客さんも来づらいし、バンドにも負担がかかる。でも路上ライブなら自分たちの知らない多くの人に音楽を聴いてもらうことができ、ファンの獲得につながる。

路上ライブに力を入れることで多くのファンを獲得。２００６年にはライブハウスではなく２００人規模のコンサートホールを借り切り、２００人集めるワンマンライブを成功させた。こうしたことが業界関係者の目にとまり、２００８年に念願のメジャーデビューを果たすこととなった。

よし、これでメジャーになって売れるぞと思い、従来の通り曲を作り、レコーディングをし、ＣＤを販売し、ライブをするという活動をしていたが、次第に違和感を覚えるようになった。

このレールを歩いていても、バンドが有名になって売れることはないのではないか？　かつてのように、音楽を聴く人がＣＤを買わなくなったのだ。

有名なミュージシャンでも今までのようにＣＤが売れなくなり、収入的に苦境にあえぐ姿を何度も目にした。音楽業界は過去のビジネスモデルを守るため、ＣＤにコピーガードを施しコピーできないようにしたり、音楽を聴く人にＣＤを買って音楽を聴くようにといった訴えをしていた。

それにも違和感を覚えた。ＣＤを買わなくてもレンタルで聴ける。レンタルをしなくてもインターネットにアップされている音源を無料で聴けてしまう。違法にアップされているものも多いが、いたちごっこで取り締まるのは難しい。むしろミュージシャンの側も、ネットにアップされているものは宣伝になると割り切り、黙認しているケースもある。CDを買ってもらえず、レンタルやネットで聴くようになると、CD販売収入で成り立っていた今までの音楽業界のビジネスモデルは崩壊してしまう。

でももうこの流れは止められない。なぜなら自分だって音楽を聴く側の立場になって考えれば、わざわざ割高なCDを買うより、気軽に安く聴ける方を選ぶと思うからだ。バンドのメンバーとも話し合い、もうこのままではダメだという結論に達した。メジャーにいても食べていくのはますます難しくなる。

そこで海保さん含めメンバー3人は2010年末でメジャーをやめることに。2011年より、これからの時代にマッチした新たな音楽販売ビジネスモデルを作るべく、株式会社ワールドスケープを設立。メルマガ登録した人に無料で楽曲を配信する「フリクル」というサイトを立ち上げた。海保さんは代表取締役社長に就任した。

「儲かりそう」ではなく ミュージシャンが食べていけるシステムを作りたい

私は2011年当時、この話を聞いて二重に驚いた。何も曲を無料にしてしまうことはないのではないか。また無料配信にするにしても、わざわざ会社を立ち上げる必要はないのではないかと。

でも海保さんやメンバーは音楽業界で長年やってきた中で、確固たる思いがあってこの結論に達したという。

「もう音源を有料で売る時代は終わったと思います。むしろ無料で多くの人に聴いてもらうことで気に入ってもらえる機会を増やし、多くの人にファンになってもらえれば、ライブ収入やグッズ収入、ファンクラブ収入で食べていけるはずです。楽曲の音源を宣伝ツールとして利用し、ライブやグッズを商品にするというイメージです」

わざわざ会社にしたのは、自分たちのバンドだけが食えるようになればいいだけでなく、新たなビジネスモデルを他のミュージシャンにも広めて、音楽業界をいい形で変えていきたいと思ったからだという。

素晴らしい理念と行動力だ。

でもこうした音楽サービスを手掛けるライバル企業はないのだろうか？

「ＩＴ企業が音楽系サイトに乗り出す動機の多くは、儲かりそうだからということ。でも音楽業界のことを理解しているＩＴ企業はそんなに多くありません。僕らの最大の優位性は、現役のバンドマンとして音楽業界の実情を知った上で、仕組みを作れることです。そして何よりも、ＣＤが売れない時代でもアーティストが食べていけるシステムを作るという使命感を持って取り組んでいるので、どこにも負けないサービスを提供できると思っています」

音楽業界を変えたい一心で始めた「フリクル」は、ベンチャーキャピタルの出資を受けるなどしてサービスを拡充。2014年末現在、ミュージシャン約3000組が登録するサイトに成長した。

2015年には、リスナーがいい音楽と出会えるよう、自分の好みを入力していくと、好みの曲やミュージシャンをすすめてくれる、パーソナライズド・ラジオアプリ「Lumit（ルミット）」を開発し、公開。ミュージシャン側だけでなく、リスナー側にも役立つ音楽サービスの提供も行っている。

こうしたことができるのは、海保さんが音楽を好きだからこそ。いい音楽が継続的に生み出せる環境を作るために、ビジネスで解決することを使命に、今もバンド活動と並行し、IT企業の社長として「フリクル」の運営ほか、音楽ビジネスに携わっている。

「ミュージシャンは音楽活動だけに集中して、その他の宣伝活動や営業活動などは、『フリクル』が丸ごと全自動で請け負える仕組みを作るのが目標」と海保さんは語る。

バンドマンとIT企業社長の二足のわらじは珍しい働き方かもしれないが、海保さんの中ではしっかり一本の筋が通った働き方に他ならない。芸術や文化の問題をプレーヤー自らがビジネスで解決する。そんな海保さんのようなタイプの人が増えれば、衰退しつつある分野も復活できるのではないかと思う。

解題 独立起業は目標ではなく手段。問題解決こそ本当のビジネス

昔と違ってサラリーマンをしていても安定が得られるかどうかわからない時代になったため、独立起業したいという人は多い。単にサラリーマンがイヤだからという理由の人もいるし、起業はかっこよさそうだからという憧れもあるだろうし、儲かりそうだからという理由もあるだろう。

でもビジネス＝仕事というのは本来、世の中の問題や不便なことを解決する手段。それ自体が目的になることがおかしい。自己満足のためにするものでもない。海保さんのように、音楽業界を変えるためには何をしたらいいかを考え、その手段として独立起業があったので会社を立ち上げた、というのが自然な流れだろう。

今までの日本は人口が増加していたので、具体的な問題を解決するためにビジネスを始めたという強い理念や想いがなくても、そこそこ成功することはできたかもしれない。しかし今は人口減少し、市場がどんどん小さくなっていく時代。そんな時代に生き残れるのは、明確なビジョンを持って仕事に取り組んでいる企業や個人だけになるのではないか。

関連リンク

・「フリクル」 http://frekul.com/
・「Lumit」 http://lumit.me/
・Youtube「海保けんたろーのドラム教室オンライン」 https://www.youtube.com/user/DrumLessonOnline
・ツイッター　@com/kentaro_kaiho
・海保さんが参加するバンド「SONALIO」（旧メリディアンローグ） http://sonalio.com/

居酒屋チェーン経営

中村文也

マネーゲームと規模の拡大に興味なし！
これからの時代の模範経営者

店舗数の拡大や売上至上主義にはしってしまった結果、働く社員を酷使させる「ブラック企業」が大きな問題になっている中、店舗拡大至上主義とは一線を画し、社員と顧客を大事にしながら地道に成長している居酒屋チェーンがある。奥志摩グループだ。グループ運営をしている中村文也社長に、これまでの人生と居酒屋経営にかけるこだわりについて話を聞いた。

（取材日：2012年3月3日）

プロフィール　1957年、三重県の伊勢志摩にある五ヶ所湾生まれ。三重県立南勢高校卒業。1983年、25歳の時、7坪の居酒屋「奥志摩」をオープン。1989年に会社設立。以後、地道な店舗展開を行い、2015年1月末現在、愛知県で11店舗の居酒屋を運営。著書に『あほな奴ほど成功する——みんな！幸せと仲良くなろうよ。』（星湖舎、2013年）。個人フェイスブックは毎日更新し、1投稿に500以上の「いいね！」がつく。

12回の転職の末、見つけた天職

「何店舗も店を持ってること、そんなに凄いことですか？　何億もの年商をあげていること、そんなに凄いことですか？　マスコミに取り上げてもらいテレビにでること、そんなに凄いことですか？　確かに凄いかも知れませが、僕は感動しません！」（中村文也さんのフェイスブックより）

料理がまったくできなかったにもかかわらず、25歳で居酒屋を始めた奥志摩グループ社長の中村文也さん。２０１２年で創業29年目となり、社員37人、名古屋で10の店舗を持つまでに会社は成長した。

しかし「約30年も居酒屋やっていて、10店舗しかなかったら、一般的には成功とはいえないかもしれない」という。中村さんは、倍々ゲームで店舗数の増加や売上高の拡大をすることが至上命題となってしまっている今の日本企業のあり方、経営者の姿勢に疑問を投げかける〝異色〟の社長。フェイスブックでは毎日のように、はっと気づかされるいい話を書いており、連日約５００人の「いいね！」が集まる人気ぶりだ。

中村さんは「お金持ちになりたい」と思い、三重の田舎から高校卒業後、名古屋に出てきた。8畳１間で家族４人で暮らす貧乏な生活をしていたからだ。

子ども服販売やらやきいも屋台のリアカー引きなど職を転々。「この商売では金持ちにはなれん」と12回も職を変えた。そして最後は水商売に。その時、今までの職とは違って、これぞ天職だと思ったという。

「お酒を飲みながらお客さんと話してお金をもらう。こんな楽しい仕事はない！」

接客のおもしろさに目覚め、人に喜んでもらいお金を得る仕事の楽しさを知った。

でも一生、雇われの身で水商売を続けるわけにはいかない。そんな時、25歳の中村さんに運命的な出会いがあった。ふらっと入ったお店。それは今では手羽先チェーン店として有名な「世界の山ちゃん」。まだその当時は山ちゃんが創業したばかりで、店舗は一店舗のみだった。

その時の接客が丁寧だが事務的だったのを見てこう思った。

「俺が居酒屋するならお客さんを接客でもっと楽しませることができる！　よっしゃ、接客という天職を活かして居酒屋をやろう！」

こうして、25歳で独立して居酒屋を開業することとなった。

料理ができないのに客に教えられて店舗を成長！

ところがである。中村さんは接客は得意だが料理の経験がない。オープン当初、料理がまともに1つも作れない。お客さんから出した料理にクレーム続出。しかし中村さんは持ち前の接客力と、マイナスをプラスに転化するプラス思考で、こんな風にお客さんに接していた。

「すみません！　私に料理の仕方を教えてください！」

お客さんが居酒屋店長に料理を教える。実に妙な話で、そんな店すぐに潰れそうだが、中村さんの謙虚さや人柄の良さから、お客さんが懇切丁寧に料理の仕方を教えてくれる。

「こんなメニューがあったらいい」と提案されれば、「はい！　わかりました！」と素直にお客さんのアドバイスを聞き、翌日には提案されたメニューを出す。そんな風にして店は軌道にのっていき、半年後には料理がうまい店として評判になるようになった。

「困った人がいればみんな助けたいと思ってくれる。お客さんの言うことを素直に聞いて実践すれば喜んでくれる。だからはじめに料理ができなくても店はやっていけた」と中村さんはいう。

お客さんのなかにはプロの料理人もいた。そうした人が何人も独立して店を構えたが、そのほとんどが2～3年で店をたたんだ。

「料理だけうまくても店はうまくいかない。逆に私のように料理ができなくても店はうまくいく。これが商売のおもしろさです」

料理の腕より接客が何より大事！　だからこそスタッフを大切にする

中村さんが店で重視するのは、お客さんに喜んでもらうというもてなしの心。また店舗のスタッフ同士でも助け合い、楽しんで喜んで仕事をすることを重視する。

「料理人には威張っている人もいて、お客さんの前でスタッフにどなったりする人もいますが、そういう人はいくら腕がよくても、客商売には向いていないのではないか」

今や10店舗を持つまでに至った中村さんだが、スタッフに怒ることはほとんどないという。

「声をかけるのは『楽しんで仕事してる？』ということばかり。だってスタッフが楽しんで仕事をしていなければ、お客さんが喜んでくれる店になるはずがない」

だから採用面接で重視するのは協調性や人間性で、経験は問わないという。

「経験は関係ない。仲間を大切に楽しんで仕事ができる人がいい」

そんな風にお客さんを喜ばせ、スタッフを喜ばせることをもっとも大切にしながら、居酒屋をやってきた。

だから冒頭の、「何店舗も店を持ってること、そんなに凄いことですか？……」という想いにつながるのだ。知り合いで有名チェーン店の創業者は、今や中村さんの会社の売上の10倍以上。店舗数も全国各地にあるが、その創業者がぼそっとこんなことを言ったという。

「なんかマネーゲームやってるみたい……」

一般的には居酒屋チェーンとしては成功のはずも、創業者は苦悩や迷いを抱いている。それでは自分は幸せにはなれない。だから中村さんは世間一般的な成功とされる、年商何億円といったことにあまり興味がないのだ。

しかし幼少の頃に貧乏時代を経験していたのなら、むしろお金に対する貪欲さがありそうなものだが、中村さんは笑ってこんな風に答えてくれた。

「私はすごく貧しかったから今の給料でもう満足。もっと多くもらいたいなんて思わない。今は自分の給料より社員に還元することばかりを考えている」

足るを知る。簡単なようでいて難しいことではないだろうか。ましてや社長として店舗数が増えていけば、「もっともらって当然」「もっと店舗数を増やしたい」と数字を追いかけることばかりに集中してしまいがち。でも中村さんは今でも「ビジネスオーナー」ではなく、「商店主」だと思っているという。だからこそ単なる数字の増加が成功とは思わないし、数字だけを追いかけるようなことはしないのだろう。

中村さんの「足るを知る」姿勢は、フェイスブックをのぞくとよくわかる。

29年まえに 居酒屋をやった時 誓いました！

絶対 会社が大きくなっても 外車は乗らない！って

（中略）

人には価値観があります

車を好きな人は車にお金を掛ければいいし

洋服の好きな人は洋服に！

食べることの好きな人は食べることに！

旅行の好きな人は旅行に！
みんなそれぞれ価値観があるのです！
ただ車に対して一つだけ僕が思ってることがあります！
もし僕が凄い車に乗っていたらお客様ってどう思うのだろう？
奥志摩の前に外車を横付けして店に入って来て
あれは誰？　ってお客様に聞かれた時
うちの社長です！　なんて僕はイヤなんです！
常にお客様目線でいたいのです！
えらっそうにすればするほど人は離れていきます！
いつしかひとりぼっちになりかねません！
自慢ばかりの人生より謙虚な人生の方が人が集まってきてくれます！

まさにこの言葉通りの人生を歩んできたのが中村さんだ。

3つの幸せの法則

〝右肩上がり幻想〟にしがみつき、ボロボロになって働き、会社の売上が上がって社員の給料が増えたところで、休む時間もなく、接客もマニュアル化され、単に価格が安いだけの画一的な店舗を量産することが、果たして人々の幸せにつながっているのだろうか。それは居酒屋に限った話ではなくすべての業種にあてはまる。社員の幸せを犠牲にして売上を上げて一体何になろう。社員が楽しく働いていないのに売上だけ増えていることが、そんなに喜ばしいことなのか。

坂本光司教授の著書『日本でいちばん大切にしたい会社』（あさ出版）で、どんな不景気でも、長年、安定的・持続的に成長を続けている企業は、何よりも社員を大切にするという結論と同じく、この奥志摩グループも社員を大切にして、急激な成長や無理な店舗増設はしない。

もはや時代は変わった。何でもかんでも無理やりレバレッジをきかせて、急激な右肩上がりの成長することがいいことではないし、単に売上高を前年比で毎年伸ばし続けることがいいことではない。でもそんな当たり前のことを、多くの企業、多くの経営者はわかっておらず、社員にムチうち、客のニーズより企業の論理を押し付け、売れないのは不景気のせいだといいはり、給与削減と価格競争と「営業回れ」という、社員疲弊政策だけで乗り切ろうとしている。だから社員はいきいきと働くことができず、客への対応が悪くなり、結果、売上が落ちるのだ。

中村さんは人生を楽しく幸せに歩む成功のために、必要なことは3つしかないという。

「1つは、必ずオレはできるという思い込み。2つ目は、こんなことしたら多くの人に喜ばれるだろうなと妄想すること。3つ目は、何かの信仰心＝何かに感謝する気持ちを持つこと」

居酒屋という厳しい業界ゆえ、これまでの29年間が順風満帆だったわけではない。でもこの

3つの幸せの法則を忘れることなく、いつもポジティブな気持ちを持続させるよう心掛けている。そんなプラスのオーラを振りまく中村さんに、人は集まってきて店も繁盛しているのだろう。

解題　数字至上主義のマネーゲームは終わった

未だに企業を評価する指標は、売上高であったり店舗数であったり社員数であったり数字の大きさ。大きければそれでいい、数字を増やせばいい企業でありいい経営者――そんな幻想が根深く残っている。

何のために数字を達成するのか、本質を見極めないまま、ただただ数字のためだけのマネーゲームにはしってしまう。結果、社員は数字を達成することだけにしゃかりきになり、社員は毎日必死の形相で連日遅くまで働かされ、数字達成のためには多少客を騙すようなことも時にはしてしまう。社員が働いていて幸せでないのに、幸せな商品やサービスを提供できるわけがない。

30年以上居酒屋を経営し、店舗が11という奥志摩グループは確かに数字的には小さいかもしれない。でも気持ちのいい接客やおいしい料理を提供するといったことを徹底し、むやみやたらに拡大はしてこなかった。それで多くの顧客が喜び、働いているスタッフが幸せなら、こんな素晴らしいことはない。

これから日本は人口減少により、どんどん国内市場は縮小していく。こうした中、質を落とし、社員を犠牲にする拡大路線ではなく、しっかりと顧客や従業員の幸せを考える企業こそ生き残っていくのではないか。

どんな企業で働くのか、働く側も企業選びの際に数字でごまかされないよう注意したい。

関連リンク

・フェイスブック「中村文也」http://www.facebook.com/nakamura.fumiya.okushima
・ホームページ「奥志摩グループ」http://www.okushima.co.jp/

農家

柴海祐也

23歳で農家として独立起業！次々と新たな〝種〟をまき、新宿伊勢丹にも野菜提供

農業をしたいという人は多いが、職業として考えた場合、これほどしんどいものはない。でも大変な農業を「だからこそ楽しい！」と嬉々として仕事をしているのが、千葉県印西市にある柴海農園の柴海《しばかい》祐也さんだ。「農業なんかで食えるわけがない」と言われたが、23歳で農家として起業。農薬、化学肥料を使わず、野菜を栽培・販売していている。若き農園経営者・柴海さんは、どうやってここまで、事業展開を行ってきたのか。

（取材日：２０１４年9月30日）

プロフィール　1986年、千葉県生まれ。2006年、東京農業大学短期大学部卒業後、野菜の流通会社に入社、レストランで3年働く。2009年秋、実家の農家に戻り就農。親とは別経営で有機農業を始める。奥さんとスタッフの3人という少数ながら、約60品目の野菜を栽培・販売。近隣家庭への野菜セットの宅配ほか、新宿伊勢丹でも販売。甘糀ジャムの加工品販売を行うなど、様々な事業展開を行っている。

ハードな労働の農家レストラン正社員の経験と挫折

柴海さんの両親はトマト栽培を行う農家。親の家業を継ごうと思ったことはなかったが、高校卒業の進路に東京農業大学進学を決め、なんとなく農業の方に足を踏み入れた。

しかし大学の授業そっちのけで柴海さんがハマったのが畑サークル。東京稲城市の農家に2年間、住み込みで畑をやる、畑サークルの管理人になった。朝、農作業をしてから大学に行き、また帰ってから農作業をする生活。「自分で野菜を育てて、それを自分で販売するという、シンプルな目に見える形の畑仕事が何より楽しかった」という。

大学生活を終えると、約半年間は地方の農家を働きながら回った。長野や愛知で数ヵ月間、住み込みバイトをしながら農業を学んだり、デパ地下の八百屋のバイトをしたりするなど、とにかくいろんな経験を積もうとフリーター生活をしていた。

しかしいつまでもフリーター生活をしているわけにはいかない。20歳で結婚していたこともあり、農業関連で正社員で働こうと考え、都内の農家レストランを展開する企業に就職した。

ここで3年間勤めるのだが、毎日がとにかくハード。野菜に詳しいことから、レストランで顧客や店員に野菜について教えるほか、レストランの立ち上げ準備や店舗運営など様々な仕事をした。睡眠時間は毎日3時間程度で、毎日深夜に帰ってきた。

それでもはじめは野菜に関われる仕事が多かったからよかったものの、入社3年目で店長になることに。22歳の若者にもかかわらず、はるか年上の人たちを面接してアルバイトを採用したり、売上管理やら労務管理やらメニュー考案やら様々な仕事に携わった。

しかし柴海さんはわずか4ヵ月で店長から降格に。マネジメント的な仕事があまりできず、店長を降ろされてしまったのだ。しかも柴海さんの後釜になった店長は自分より年下の女性。悔しいながらも、つらくなって会社を辞めてしまった。

親の農業を継がずに自分で畑をスタート

会社を辞めてしまい、とりあえず実家に戻ることに。さあ何の仕事をしようかと考えた時、大学時代に楽しかった畑サークルのことを思い出した。親のトマト栽培を継ぐことなく、近所に畑を借りて野菜を植えはじめた。２００９年のこと。まだ柴海さんは23歳の若さだ。

しかしはじめの1～2年は思ったように野菜が育たない。収穫が思わしくない。特にポリシーがあって無農薬にこだわっていたわけではないが、趣味ではなく生業として無農薬で野菜栽培することの難しさを痛感。

「でも他の人でもできている人がいるんだから無農薬でできるはず」

再び様々な農家を訪ね歩いて技術を学ばせてもらったり、インターネットで調べて農業技術を学び、徐々に収穫量を上げていった。

農業をはじめて1年後。今までは農産物直売所での販売が中心だったが、さらに安定的な収入を得られる販売方法はないかと考えたのが、野菜セットの販売&宅配だ。

定期的に1週間分の野菜を自宅まで届けて販売する。消費者にとっては生産者から直に野菜を購入できるメリットがあり、スーパーで野菜を買い物しなくても済む。農家側にとっては定期的な安定収入になるのと、その時に旬な野菜をおまかせで届けられるので、野菜単品売りの様々な変動リスクが避けられる。

柴海農園のそばは続々と住宅が建設される新興住宅街。1軒1軒ポスティングを行ったところ反響がよく、多くの人から野菜セットの注文が入ることに。その後は宣伝しなくても口コミやホームページなどから注文が入り、今でも安定した収益源となっている。

さらに違った販路を開拓するため、都内の小規模な八百屋さんやレストランとの取引も始めることに。小規模な八百屋さんやレストランは、珍しい野菜や無農薬などこだわった野菜を少量欲しいというニーズがあり、小規模な畑の柴海農園のようなところから仕入れられると便利というメリットがある。こうして消費者向けだけでなく法人向けの販路も確保した。

2014年からは新宿伊勢丹で若手生産者を応援する企画に出展したのを契機に、新宿伊勢丹でも柴海農園の野菜を売れることになった。手間はかかるものの、こうしたブランド力のある有名店で野菜を販売していることは、農園にとってはいい宣伝効果や信用力アップにつながっているという。

野菜のロスをなくすために加工品販売も開始

何年たっても、日々、農業技術は勉強中。それでも形や見た目の悪い野菜などがどうしてもロスになってしまう。「野菜のロスを有効活用するには加工品の販売ができるのが理想的」と、常々、柴海さんは考えていた。大学時代に住み込んだ農家さんが、旦那さんが畑仕事で、奥さんが加工品販売担当を行っており、これが家族経営の農家の理想的な形だと思っていたからだ。しかし加工品を一定量製造するには場所が必要。２０１３年夏に安く借りられるいい物件が見つかり、そこを加工品の製造所にすることに。加工品はこれまで様々な商品開発を行ってきた。人参ジャムやさつまいもジャムなどいろんな種類がある野菜のジャムシリーズ。野菜を漬けこんだピクルスシリーズ。料理に使える野菜のパテシリーズ。

加工品の中でも人気なのが甘糀《あまこうじ》ジャムシリーズ。栽培しているお米を使い、糀とともに約20時間かけて糖化し、1時間煮詰めてジャムを作っている。

砂糖を一切使わないのに甘いジャム！　無農薬のお米を使って糀の力で甘さを引き出したジャムなので、栄養補給にもよく、小さな子どもにも食べさせやすい。この甘糀ジャムがテレビ番組の「ぶらり途中下車の旅」に紹介され大反響となった。柴海さんから教えてもらった、甘糀ジャムと味噌とマヨネーズをまぜ、野菜ディップソースにして、柴海さんの生野菜をつけて食べたら実においしかった。「加工品販売はまだまだ軌道にのっているとは言い難い」とはいうものの、生野菜だけでない加工品販売の可能性を模索している。

サラリーマン時代よりはるかに健康的な生活

しかしスタッフはわずか3人。奥さんは小さな子どもが2人いて子育ても大変。畑仕事や配達仕事を一人で担っているので大変なのではないかと聞いたら、「サラリーマン時代よりはるかに健康的な生活ですよ」と笑って話してくれた。

朝5時に起きて1~2時間、事務作業をした後、7時から日中はほぼ畑での仕事。夕方から夜にかけて配達を行い、20時前後には家に戻り、その後は家族と過ごし、23時ぐらいには寝る生活だという。

「会社員時代は忙しくて野菜を食べる暇すらなかった。それに何より会社員時代と違い、自分ですべて決めて自分のペースで仕事できるのがいい」

「でも台風とか大雨とか天候リスクもあって大変ではないんですか?」と聞くと、「確かに農業って理不尽な想定外のリスクもあって大変だし難しいけど、でもだからこそやりがいもあって楽しいんだと思います」と軽やかに答える。

「手間はかかりますが、育てている野菜は多品目あるので、どれかがダメになってもどれかが大丈夫ということもあります。また大手1社と取引しているわけではなく、様々な販売先があるので、どこかの注文が減ってもそれほど大きな影響はないんです。リスク分散ができているのがうちの農園の強み」と語る。

柴海さんは大学時代「種テロリスト」というあだ名をつけられていたという。

「少しでも余っている畑スペースがあると、すぐにいろんな種をいっぱい植えるのでそんなあだ名で呼ばれていました」

愛読書は種のカタログ。ついつい種を買いすぎてよく奥さんから怒られるという。柴海さんは野菜の種を植えるだけでなく、様々な販路開拓や商品開発という名の種をまくことをマメにやっているからこそ、20代の若さで農家として独立起業し、28歳の若さで様々な販路を開拓してやっていけるのだと思う。

「とにかく野菜を育てるのが好き。だから野菜作りは飽きない」

好きだからこそ大変でもできる農業。柴海さんの生き方・働き方は実にすがすがしかった。

解題 営業力があるからこそ成功する

農業をしたいという人は最近かなり多い。特に若い世代で農業を仕事にして暮らしていきたいという人も目立つ。しかし農業は甘いものではない。憧れや幻想とは違い、仕事となれば厳しい現実が待ち受けている。

でも柴海さんが20代の若さで農業で成功しているのは、農業が好きで好きで研究熱心だからということはもちろん、何より営業努力をしているからだ。リスク分散のための工夫や特定の取引先に限定しない販路拡大の努力をしている。だからこそ成功している。

農業に限った話ではなく、独立起業し、仕事をするのであれば、技術力だけでなく何より営業力が必要になると思う。

関連リンク

・ホームページ「柴海農園」http://www.shibakai-nouen.com/
・オンラインショップ「柴海農園」https://munouraku.stores.jp/
・ブログ「旬の野菜と加工品に挑む!! 柴海農園の毎日」http://ameblo.jp/munouraku/
・フェイスブック「柴海祐也」https://www.facebook.com/shibakai

ダンサー・行政書士

依田花蓮

夜はショーダンサー、昼は行政書士のニューハーフ！意外な二刀流で人生を切り開く

昼は行政書士、夜はショーダンサーという、似ても似つかない職種をかけもちで仕事をしているのが、依田花蓮さん。36歳までゲイの男性として生きていたが、豊胸手術&性別適合手術をし、37歳からは戸籍上も女性として生きているニューハーフだ。

花蓮さんの紆余曲折の人生をたどりながら、一見、関係のない2つの職種をかけもちすることで、人生が開けた二足のわらじの話は、今後の新しい働き方のヒントになる。

（取材日：2014年6月19日）

プロフィール　1972年、愛知県豊橋市生まれ。青山学院大学法学部卒業後、アルバイトをしながら芸能界をめざす。舞台、演劇、ミュージカルなどで活躍も、売れない期間も。2008年、性別適合手術を行い、2009年に女性に戸籍を変更。2011年に六本木香和にてショーパブのダンサーに復帰。ダンサーのかたわら、行政書士の勉強をし、2013年、行政書士試験に合格。翌年、行政書士よだかれん事務所を開設。

アルバイト求人雑誌がきっかけで芸能界に！

長身で男前にもかかわらず、小さい頃から女っぽい仕草があり、埼玉での小学校時代はオカマといじめられることも多かった。小学校6年生の時に沖縄に転校。沖縄の中学、高校に通い、5年間、沖縄で過ごしたが、なぜかいじめられることは少なくなった。

中学3年生の時にはクラスの男の子とファーストキスをしたという。いろんな意味で本土とは違うことが多く、カルチャーショックを受ける。基地問題、日の丸・君が代問題、不発弾撤去など、戦争問題と向き合うきっかけにもなった。

その後、名古屋の高校に転校。高校卒業後は一浪して、青山学院大学法学部に入学。しかし大学で勉強などせず、卒業後も会社に就職する気はなく、「歌手になりたい」との思いから、アルバイトをしながら芸能界入りをめざす。

アルバイトの求人雑誌を見ていると、昼間レッスンを無料で受け、夜ショーの手伝いをするバイトを発見。そこで稽古を積み、25歳で男性ダンサーとしてデビュー。その後は芸能事務所に所属。ミュージカル中心に活躍し、蜷川幸雄演出「火の鳥」（2000年）、博多座「ロミオとジュリエット」（2001年）、初めての役付でミュージカル「美少女戦士セーラームーン」（2002年～2003年）に出演するなど、順風満帆な芸能生活を送っていた。

女性として生きる覚悟に目覚めて自由になる!

ただ、32歳頃から次第に芸能の仕事が減っていった。次々と若い人たちが登場し、歳とともに追いやられる立場に。とはいえ一度はそれなりに活躍もしていたためプライドもあり、今さらアルバイトなどできない。苦しい時代が長らく続いた。

そんな時、六本木金魚というショーパブから声がかかり、ショーダンサーに。ゲイの男性ダンサーとして活躍していたが、一緒に働いていたダンサーの先輩から衝撃のアドバイスが。

「あなたは本当は女性に生まれてきた。だから女性になった方がいい」

依田さんはこの言葉に戸惑った。なぜならゲイではあったが、女性になりたいとは思っていなかったからだ。むしろかっこいい男のホモでいたい。というより身長178cmもある自分が女性になるなんてあり得ないと。

はじめはそう思っていたが、先輩のアドバイスが心にしみてきた。もしかしたら自分は昔から女性として生きたかったのではないか。ただそんなことはできないと、気持ちを押し殺してきただけなのではないか。

本当の自分を取り戻す。そう考え出したらいてもたってもいられなくなった。本当の自分に気づいてしまった。自分は女性として生きたかったのだ。

先輩のアドバイスに従い、36歳の時にホルモン療法を開始し、豊胸手術&性別適合手術。2

００９年には戸籍を女性に変更した。女性になったのだ。

「今まで30年以上も男性として生きてきたのがウソみたいに、女性になった途端、とっても気持ちがラクになり、何ももう怖いものなんてない、私は自由だ！　って気持ちになれました」と依田さんはいう。名前を秀亮から花蓮に変えた。

ショーパブでも男性ダンサー契約から、ニューハーフ契約に変更することができ、男性役をせずに済むようになった。

母の病気を契機に芸能界をあきらめる

本当の自分＝女性になれたことで自信をつけた花蓮さんは、37歳の時にショーパブを卒業し、芸能活動を再開する。しかし厳しかった。仕事がほとんどない。アルバイトしながらの苦しい生活が始まった。

そんな矢先に母親が病気で倒れて入院することに。仕事もなかったので１ヵ月つきっきりで看病することになった。両親は女性に転換したことを認めてはくれていた。でも母親は「花蓮」とは呼ばず「秀亮」と頑なに呼ぶ。「心の底から女性として認めてくれていないのではないか」と、花蓮さんは思い悩むことになった。

しかしお母さんが１ヵ月間の看病生活で花蓮さんの女性っぷりを見て、「あなたは本当に素敵な女性になったのね」と認めてくれて、はじめて「花蓮」と呼んでくれた。これほどうれしかったことはないという。

ただ花蓮さんは自分に対して不甲斐ない思いも抱いていた。手続き上、親の身元保証人になる場面があっても、売れない役者で保証人にもなれない。そこで花蓮さんは思った。

「もう芸能界はきっぱりあきらめよう。育ててくれた両親にきちんと恩返しをしたい。まっとうな会社員として生きていこう」

とはいえ現実は厳しかった。40歳間近。会社経験はまったくなし。しかもニューハーフ。就職活動をしてもどこも雇ってくれるところはなかった。

ハローワークに相談すると、「行政書士の資格をとって開業したらどうですか?」とのアドバイス。就職はもはや無理。ならば資格をとろう。資格をとれば、年齢や性別やこれまでの経歴で差別されることはない。猛勉強をはじめた。

ショーダンサーと行政書士の二足のわらじで人気者に!

行政書士の勉強を始めた歳に、六本木香和というショーパブから、ダンサーにならないかとの誘いがあった。一度はあきらめた芸能の世界だが、声を掛けていただけるのならと思い、ショーダンサーに復帰した。

ショーパブでは3日間働き、残りは行政書士の勉強。しかし1年目はあえなく試験は不合格。通信教育ではなく学校に通って勉強しようと考え、法律家・行政官を育成する「伊藤塾」の理念に共鳴し、入塾。ショーパブで働きながら試験勉強する日々を送った。2013年、試験に合格。2013年4月から行政書士よだかれん事務所を開設した。

行政書士は食えない資格と一般的に言われている。資格を取得しても1年間まったく仕事なしという人もいるという。しかし花蓮さんには仕事が舞い込んでくる。ショーパブのお客さんが「行政書士の資格も持っているの？」と興味を持ってくれて、仕事を頼んでくれるからだ。また自身の体験から性別変更の申請や手続きもよく知っているので、こうした仕事の依頼も多いという。

一方、ショーパブの方にもいい影響がある。行政書士仲間から「ショーダンサーやってるの？」と、興味を持ってくれて、ショーにお客さんとして来てくれるのだ。

何の関係性もない2つの職種を持っていながら、それぞれのお客さんが違う職種の方にも興味を持ってくれて、相乗効果でどちらにもお客さんがくる。

ギャップがまたいいのだと思う。こういう二刀流な働き方がどんどん浸透したらいい。今は1つの会社や1つの職種に縛られすぎる。でも違う職種を並行してやったら、きっといい影響が生まれるのではないか。

ショーダンサーと行政書士の思わぬ相乗効果は、花蓮さん自身もまさかこんなことになるとは思ってもみなかったという。でも花蓮さんはこんな風に語る。

「ショーダンサーも行政書士もお客さんを笑顔にする仕事、という意味では変わりありません。

私は多くの人を笑顔にしたい。そう考えたら、ショーダンサーや行政書士に職種を限定することなく、自分が輝いて、人を輝かせることができる仕事なら、どんなことだっていいとそんな風に思えるようになりました」

沖縄で暮らした時に感じた日本の様々な問題。芸能界で知ったお客さんを喜ばせることの楽しさ。セクシャルマイノリティとして生きてきた経験。伊藤塾で学んだ法律家としての使命感。これまでの経験を活かし、知名度を上げて、今後は政治的・社会的なことについても、情報発信をしていきたいという。

一度は芸能界をあきらめたにもかかわらず、ショーダンサーと行政書士の二足のわらじのおもしろいニューハーフということで、メディアに取り上げられる機会も増えてきた。あきらめた芸能界が資格を取得したことで逆に注目されることになったのだ。

私は、憲法や原発、基地問題などについても真剣に語る花蓮さんを見て、きっとこの方は数年後に政治家になっているのではないかと思った。

解題 仕事を1つに絞る必要はない

今、日本の働き方が大きく変わりつつある。会社員でも個人事業主でも今までは1つの会社や1つの職種を長く続けることがよしとされてきた。でも依田さんのように、まったく異なる仕事を並行して行うことで、それがいい相乗効果を生み、人生が楽しくなるという生き方が今後増えるのではないか。

また他者との差別化という意味でも、二刀流は強力な武器になる。行政書士はいくらでもいる。ショーダンサーはいくらでもいる。その中で個性を出すのは難しい。でも行政書士＆ショーダンサーともなれば、他にはいないオンリーワンの存在になれる。おもしろがられてメディアに取り上げられやすくなる。取り上げられることで名が売れ、仕事にもいい影響が出る。仕事で個性を出すには何かと何かを組み合わせることだと思う。

職種にとらわれない生き方。二足のわらじによってそれぞれの職種にいい影響を与える働き方。依田花蓮さんの生き方はとっても素敵だ。

関連リンク

・依田花蓮さんがダンサーを務める「六本木香和」http://www.kaguwa.com/
　※花蓮さんは毎日出演しているわけではないので、花蓮さんを見たいという方は要確認
・ホームページ「行政書士よだかれん事務所」http://www.yoda-karen.com/
・フェイスブック「依田花蓮」https://www.facebook.com/karen.yoda

復活の巻

——人生、捨てたもんじゃない

ソフィア・エムート

三宅哲之

藤野淳

佐藤政樹

梶浦恭弘

スピリチュアル・セラピスト

ソフィア・エムート

元ヤクザの娘、夫は蒸発。借金地獄からはい上がった奇跡のシングルマザー

父親が元ヤクザの組長代行。夫はDV。挙句の果てに夫の事業が倒産。借金を残したまま、夫は愛人と蒸発。2人の子どもを残され、連帯保証人として背負った数千万円の借金地獄……。

そんな状況から脱し、現在はすさまじい人生経験を活かして人生どん底の人たちの悩みを解決する、スピリチュアル・セラピストとして活動しているのがソフィア・エムートさんだ。彼女はどうやってどん底からはい上がったのか。

（取材日：2014年12月9日）

プロフィール スピリチュアル・セラピスト、ヒーリングスペース「ライトエンジェル」主宰。静岡県生まれ。DV、事業の倒産、借金地獄、夫の蒸発、離婚、交通事故などを経験。PTSD、パニック障害、不安神経症、重度の閉所恐怖症、過敏性腸症候群などの病気で長い間苦しむが自力で克服。また、甲状腺がんの克服体験もある。2人の娘を持つシングルマザー。

ヤクザの父親とDV夫に振り回される日々

もともと父親はヤクザではなく、母親とともに飲食店を経営していた。父親はソフィアさんには優しかったが、母親への暴力は日常茶飯事。それを見て育ったソフィアさんはいつも暴力におびえる日々を過ごした。

ソフィアさんが13歳の頃、父親が地元のヤクザからスカウトされ幹部に。完全に家庭は崩壊し、むちゃくちゃな生活となった。ソフィアさんは当然のようにぐれて、暴走族に入り、酒やタバコやシンナーに手を出す不良少女になった。

その後更生し、25歳で結婚。幸せな家庭を夢見たが、夫のDVや夫の母親の看病、夫の事業の手伝い、さらには2人の子どもの子育てに追われる日々。「結婚生活ほど地獄だったことはなかった」とソフィアさんは語る。

しかしこの夫との生活にある日、突然ピリオドが打たれることになる。夫が蒸発したのだ。経営する会社が資金繰りに行き詰まって倒産し、夫はなんと妻と子ども2人を置いて、愛人とともに借金から逃れるために夜逃げした。

そんな事情も知らずにソフィアさんのもとには税務署がきて、預金や家財道具や家を差し押さえられるはめに。夫の連帯保証人になっていたこともあり、方々から借金返せの取り立ての嵐。人生どん底の状態に突き落とされた。

ここでソフィアさんはがんばった。月々50万円近い返済に追われるものの、保険の外交員、化粧品の販売、下着の販売、ホテルのベッドメイキング、コンパニオン、クラブのホステスなど、1日4〜5種の仕事をかけもちし、睡眠時間2〜3時間の日々を約5年間過ごした。

「別に仕事は辛くなかった。なぜならこれで夫と別れて自由に人生やり直せるから」

幼い頃から父親の母親への暴力を見続け、ひとり祈る生活を続けていたせいか、いつしかソフィアさんにはスピリチュアル的な力がそなわったという。そこでお金を得るための仕事とは別に占星術を習い、はじめはお金はいらないからといって占いの仕事を始めた。

するとソフィアさんの占星術が評判に。無料でいいといっているのにお金を置いていく人や米や野菜などの食材をくれたりする人が増え、次第に彼女の生活は、いくつも仕事をかけもちせずとも占星術の仕事でお金を稼げるようになった。

その後も様々なセラピーやヒーリングテクニックを学び、2001年にヒーリングスペース「ライトエンジェル」を静岡県御殿場市に開設。今や人気のスピリチュアル・セラピストとして活動している。

オーラが見えるとかそんなことは何の役にも立たない

スピリチュアル・セラピストで独立して稼げるようになったというと、正直どこかあやしい。そもそも私はスピリチュアルや占いや霊や神様など信じていないし、あまり興味もなかった。

まあ参考程度に話を聞くのはいいけど、何度も訪ねたり、いろんなセラピストに大金はたいて話を聞き回るのは、正直あまり好ましい精神状態ではない。原発やアベノミクスと同じ、単なる他人依存に過ぎないからだ。

ソフィアさんは私が行なったブログ術講義に来た。その時渡されたのが、著書『あっという間に奇跡が起きちゃう魔法の本』(現代書林)。正直、かなりあやしいタイトルだ(笑)。

ただ、私がこの本を読んでソフィアさんに取材をしようと思ったのは、すさまじい過去の経歴に興味を持ったことと、〝ぼったくりスピリチュアル〟な人とは違うと思ったからだ。ソフィアさんはこの本で悪徳スピリチュアルな事例を紹介し、こういう人に騙されないようにと警告している。

「誰もが自分で自分を癒す事ができれば、プロに頼らなくて済むケースが多くなるでしょう。そうなれば、悪質なビジネスに取りこまれる危険性は少なくなるはずです」(前出書42ページ)

こうしてセルフワークの必要性を説いており、自分で自分を癒す具体的な方法をかなり書いているのだ。依存させて継続的に金を巻き上げようとするセラピストは信用ならないが、セルフワークの必要性を説くセラピストはまともだと私は思う。

「私にはサイキック能力もあり、人のオーラが見えたり、過去世が見えたりもできますよ。でもね、別にそんなことは重要なことではないんです。オーラや過去世が見えたところで、目の前の困った人は助けられない。今まさに人生どん底な人にオーラの色を言い当てても何もならない。私はこれまでの壮絶な人生経験があるので、そうした経験を通して、これからどうしたらよいか、相談しに来る人にアドバイスをしているだけです」

借金まみれで困っている人。家族問題で悩まされている人。自殺してしまいそうな人。ソフィアさんのところに来る相談者は深刻なケースが多く、場合によっては一刻を争うものもある。ソフィアさんにはスピリチュアルうんぬんの前に、圧倒的な人生経験がある。だからこそアドバイスができる。

「スピリチュアルを前面に出しすぎると、たいした悩みもなく、お金をたくさん持っていて、まるで贅沢な趣味のように、いろんなセラピストのセッションを受けたい人ばかりが来てしまう。でも私は、本当に人生悩み苦しみ困っている人を助けたい」

ではどうやったら人生にをうまくいくようにできるのか。いろいろ話してくれた中で特に印象に残ったのが、「ワクワクすることをしなさい」ということだった。

「魂の叫びを聞き、ワクワクすること、好きなこと、心が喜ぶことに力を入れると、自然と人生はうまくいくようになります。でも魂の声を聞かずに違うことをしていると、そこに心の葛藤が生まれ、人生うまくいかなくなってしまう」

魂といった言葉を聞くとスピリチュアル的だが、ようは好きなことをした方がいいと言い換えてもいい。

いいことも悪いことも想いは現実になる

ただそれができない人がいる。それはソフィアさんと同じように、幼少の頃にトラウマや傷を持っている人に多い。自分は不幸だと思い込んでいるから、本当に不幸になってしまう。暴力を振るわれるかもしれないと恐れているから、本当に暴力を振るわれてしまう。自分の想いがただ現実になっているだけなのだ。

ソフィアさん自身もそうだった。だからずっと不幸だった。でもセルフワークの必要性を感じ、様々なヒーリングを学び、結果、自分の人生を好転させることができた。

摩訶不思議なスピリチュアル的な能力うんぬんより、彼女には自ら暴力父親におびえた日々や不良少女になった経験、ＤＶ夫や借金地獄や会社倒産などの経験をしているからこそ、まともなアドバイスができるのではないか。そんな風に思った。

ソフィアさんの話を聞いて思ったのは、夜回り先生・水谷修さんっぽい人だなと。夜回り先生は非行に走る中高生の相談にのっているけど、ソフィアさんは人生に苦しんでいる大人の夜回り先生みたいだ。

ソフィアさんの本は、彼女がこれまで２０００人以上の相談を受けてきた中で、こういうパターンがうまくいかないとか、こんなセルフワークをすれば心が軽くなるといった方法がコンパクトにまとめられていて、非常に読みやすく実用的な良書だと思う。

一人相撲と空回りばかりで思い悩んでいる人生から、立ち直れるきっかけになれるはず。

解題　どんな不幸な過去があっても、幸せになれる可能性がある

不幸にも家庭環境が悪かったり、変なパートナーと結婚してしまったり、様々な病気や事故のせいで人生がうまくいかない人はいっぱいいる。そして思う。「自分はこんなに不幸な過去があるのだから幸せなんかになれるわけがない」と。そうした心を持っているとますます不幸を引き寄せることになる。

ソフィアさんもそうだった。でもＤＶ夫が蒸発してくれたことで、借金があっても自分の力で立て直そうと必死にがんばった。さらに自分に興味のあったスピリチュアル的な力のおかげでお金を稼げるようにもなった。

どんな不幸な境遇でも幸せになれる。その最たる例だと思う。

関連リンク

・ブログ「ソフィア・エムートの部屋」http://ameblo.jp/sofia-emute/

天職デザイナー

三宅哲之

超エリート社員がたった一言で左遷・パワハラ・退職。転職失敗も独立し奇跡の復活

たった一言でサラリーマン人生がこれほど暗転してしまうものなのか――。大手電機メーカーで華々しい実績を上げ、将来の幹部候補として有力視されていた三宅哲之さん。しかしたった一言の発言で、これまでの実績をすべて否定され、左遷、降格、減給、パワハラが行われ、ノイローゼになり、21年間勤めた大企業を43歳で退職せざるを得なくなった。

その後も茨の道が続くも、46歳で独立起業し、今は「天職デザイナー」として活躍している三宅さんに話を聞いてきた。

（取材日：2014年4月4日）

プロフィール　1964年、広島生まれ。香川大学卒業後、大手電機メーカーに入社。21年在籍後、43歳でネット系ベンチャー創業に転職するも、3ヵ月で倒産、失業。中小健食会社に再就職するもワンマン社長によるパワハラにより、46歳で独立起業。「天職デザイナー」としてモヤモヤ会社員と向き合い、年間200人の問題解決を行うかたわら、起業家コミュニティ「天職塾」を育て上げ、次々と起業家を輩出している。

天国から地獄へ突き落されたサラリーマン人生

独自のコーチングで1年で12社の売上を3倍に。たった1人で立ち上げたプロジェクトをあっという間に100人に拡大。社内で「伝説のチームづくり師」という異名までつけられ、昇進・昇給のスピードもすさまじく、現場のたたき上げから34歳で本社に転属となり、同期でナンバーワンの管理職・幹部候補生に上り詰めた三宅さん。まさかその三宅さんが地獄に落とされるがごとく、サラリーマン人生が暗転するとは誰も思わなかったに違いない。

本社転属から数年が過ぎた時のこと。社内の幹部候補生が集められ、1泊2日の研修が行われた。現場たたき上げで30代の若さながら、三宅さんもその研修に呼ばれた。

2日目のこと。研修所になんと社長が現れた。

「将来の幹部候補生のみなさんに、ぜひこの場で、この会社を良くするために何をしたらよいのか、私に本音で話してほしい」

人一倍まじめで実直な三宅さんはこの言葉を真に受けた。多くの人が当たり障りのない意見を述べていたが、社長に直言できる機会などそうそうないわけで、しかもこのような研修の場で本音を話してほしいと言っているのだから、自分なりの考えを本音で話すべきだと思った。会社愛も人一倍強かったこともあり、会社を良くするために、この十数年間ずっと感じ続けたことを、率直に社長に語った。

「現場やお客さんの声が本社に届いていない。その原因は本社の幹部のコミュニケーション不足に問題がある」

三宅さんがこの話をした途端、この部屋がまるで冷凍庫のように凍りついたという。

「なぜ？」

話し終えてその原因がわかった。三宅さんが指摘した本社の幹部で次期社長と目されていた人物が、三宅さんの話途中にこの部屋に入って話を聞いていたのだ。

三宅さんは、言ったことは間違ってはいないと自信を持っていた。その幹部が部屋に入ってきたからといって、会社を良くするために誰かが言わなければならない。それで会社が良くなればいい。そう思っていた。

しかしこの話によって三宅さんは栄光のサラリーマン人生から一転し、地獄の状況へと突き落とされる。指摘された経営幹部は三宅さんを気に食わないと考え、左遷、降格、減給を行ったのだ。

それでも三宅さんは必死にがんばった。しかし通常ではあり得ない3ヵ月～半年に一度の短いサイクルで、次々と今まで経験したことのない部署に飛ばされ、行き着いた先が、社内でも3本の指に入る最悪パワハラ上司の部署だった。

上司の言うことを聞かなければ人事権をちらつかせ、「妻も子どももいるのに言うこと聞かなくていいのか！」と脅しをかける。何か気に食わないことがあれば「説教部屋」に連れ込まれ、6～7時間罵声を浴びせられる毎日。

どちらかというと元気で明るくタフで話し好きの三宅さんも、この不条理な状況が毎日続く中、完全に心がやられてしまった。ノイローゼ状態になり、人と話せなくなり、何度となく自殺を考えるようになるまで追い込まれた。

もはやここにいるのは限界。まだお金のかかる年頃の子どもも2人いるが、このままでは死んでしまうと思い、２００８年、43歳の時に、21年間勤めた大手電機メーカーを退職した。

40代の転職はあまりに困難
しかし独立起業の仕方がわからない！

精神状態がボロボロの状況の中、家族を養うために、転職先を見つけなければと会社探しに明け暮れた。ＩＴ系のベンチャー企業の立ち上げからかかわる機会を得て、その会社に転職し、営業マン12人をまとめあげるチームリーダーとなった。それなりの成果も上げた。創業期ということで仕事は楽しかった。

しかし直属の上司からまたしても執拗なパワハラを受ける。早朝だろうが深夜だろうが、ひっきりなしにケータイに連絡が入り、夜も眠れない。それでもふんばっていたが、リーマンショックの影響で、会社はわずか3ヵ月で倒産。社員は全員解雇となり、またしても無職に戻ってしまった。

再び転職活動するも、実に厳しかったという。60〜70社は落とされたそうだ。大手企業に20年以上も勤めた40代の人間など、どこも使いにくいというのが本音なのかもしれない。やっとの思いで30人規模の中小企業に転職するが、仕事らしい仕事をさせてもらえないという状況に追い込まれた。「もう会社員は無理だ。独立起業しよう」と考え、２０１０年、46歳で独立することにした。

しかし何の事業をするかなどまったくプランがなかった。まさか自分が独立起業するとは思っていなかったので、何の準備も知識もない。でも家族の生活を支えなければならず、核となる事業が定まらないまま副業的なことをいろいろやって、なんとか食いつないでいた。

独立してから1年が過ぎた頃。これまでの自分の人生を振り返る機会があり、そこで気づいたことがあった。これまでの自分の経験が人の役に立つのではないかと。

40代以上の転職の難しさ。転職ではなく独立起業という選択肢があれば、もっと多くの人は生き生き働けるのではないか。でも現状では独立起業というとハードルが高くなってしまう。自分自身のようにそもそも何をしたらいいかわからないといった悩みを、解決できるところがない。起業とはお金がかかるものだとの思い込みから、無駄に初期投資にお金をかけてしまい、失敗してしまうケースも多い。

そんな矢先、ダニエル・ピンク著の『フリーエージェント社会の到来』（ダイヤモンド社）を読み、「これだ！」とひらめいた。個人がそれぞれの得意分野で活躍する時代が日本にもやがてはやってくる。無理して会社組織にしたり、事務所を構える必要なんかない。自分の身の丈にあった個人サイズで独立起業すればいいじゃないか。何で独立起業するかを考える時に、自分の人生を振り返ってみるのが一番いいのではないか。そして何より自分の好きなことで起業するのが一番いい。

こうしたアドバイスをしてくれるところがない。ならば自分がこれまで経験してきたことを武器にアドバイスする側になろう。こうして三宅さんは、起業前モヤモヤ会社員の進路相談役「天職デザイナー」として、会社員専門の独立起業準備塾「天職塾」を始めたのだ。

焚き火で新事業!?

今では約100人を超える人が天職塾生となっており、塾生の中から起業で成功する人も現れてきた。

「塾生はお客さんというより志を同じくする仲間。こんな歳になって、素晴らしい仲間たちとめぐりあえるなんて幸せ」と三宅さんはうれしそうに語る。

何より三宅さんの強みは、左遷や降格、パワハラなどを身をもって経験していること。

「こうした問題から独立起業しようという方にも、同じ目線でアドバイスができます」

閉塞感漂う日本社会の働き方に自身の経験からも疑問を持ち、好きなことで起業する個人を増やすことで社会を元気にしたいという想いから、天職デザイナーとして事業を行っているが、三宅さんにはもう1つ、大好きなことがある。焚き火だ。

「学生の頃、キャンプなどの野外活動に夢中になっていたのですが、焚き火を囲んで話をすると、なぜかみんな気持ちがほぐれて、自然体で本音で話ができるようになり、とてもいい交流が生まれるんです」

天職塾と並行し、「日本焚き火コミュニケーションラボ」を立ち上げ、焚き火コミュニケーションや焚き火研修、きこり体験や里山自然体験などのプログラムを提供している。

栄光のサラリーマン人生から暗転し、パワハラで自殺さえ考えた三宅さんが、紆余曲折を経て46歳で独立起業し、50歳の今、天職アドバイザーと焚き火ファシリテーターとして楽しく仕事をしている。

イヤな経験はむしろ、今よりもっと幸せな人生に変わる転機となるかもしれない。

解題　会社が死ぬほどつらいなら死ぬより独立起業を

会社員になってしまうと、もはやそこでお金を稼ぐことしか考えられなくなる。どんなにイヤなことがあっても我慢しようと思ってしまう。結果、心身ともにおかしくなり、うつ病になったり身体の病気になったり、下手をしたら過労死や自殺に追い込まれてしまうサラリーマンも後を絶たない。

三宅さんも行く先々でそのような経験をしたが、最後は転職ではなく独立起業することで楽しい人生に転換できた。

会社で死ぬほどつらいことがあるなら、死んでしまう前に転職や独立起業も考えたい。独立に不安があっても死ぬよりはマシだから。もちろん独立できる準備や力をつけておかなければならないが。

関連リンク

・ホームページ「天職塾」http://www.faincu.net/
・ホームページ「一般社団法人 日本焚き火コミュニケーション協会」http://jmtf.jp/
・フェイスブック「三宅哲之」https://www.facebook.com/tetsuyuki.miyake

コンサルタント

藤野淳

ベンツを乗り回したおぼっちゃんの転落と這い上がりの人生

お金持ちの商家に生まれ、何不自由なく暮らし、家業を継ぐ予定だったはずが、不渡りを出し、連帯保証人になっていたため個人口座差し押さえ。夜逃げした後、ボンボン生活を改め、必死に働くことで活路を見出し、今はコンサルタントとして活動しているのが藤野淳さん。どのような人生を歩み、どん底から脱したのか。

（取材日：2014年5月30日）

プロフィール　1970年群馬県生まれ。亜細亜大学経済学部卒業。実家の商家の4代目として継ぐ予定も業績悪化し、夜逃げすることに。その後、出版関係の広告営業、高級旅館のプロモーションマネージャーを経て、コンサルタントとして独立。主に個人事業主の広告・宣伝についてアドバイスを行っている。

月給100万円生活から不渡りで夜逃げ！

お金持ちの家に生まれて幸せなのだろうか？

藤野淳さんは、群馬県にある商家に生まれ、4代目として商売を継ぐはずだった。大学を卒業して少し修業した後、24歳で実家の商家の手伝いに。社長の息子だから、入社した途端専務だ。

月給は100万円。ベンツ、BMWほか国産車含む4台を乗り回し、交際費は使いたい放題。取引先や友人などをつれて奢りで豪華海外旅行などもしていた。

そんな藤野さんにまさかの転落が訪れる。30歳頃のこと。突然、個人口座が差し押さえられて凍結。身に覚えのない差し押さえに困惑していたが、なんと会社の資金繰りがつかず、会社が不渡りを出してしまったのだ。藤野さんはその連帯保証人になっていた。

何のことかもわからぬまま、顧問弁護士のところに相談。

「とにかくみんなバラバラに逃げろ！　夜逃げだ！」

それはわずか2日間の出来事だった。社長の息子として金に困らない豪遊生活から一転。個人口座から預金を引き出すこともできず、手持ちの現金だけで、弁護士の言われるまま、夜逃げをしたのだった。

事業の急拡大で資金繰りが悪化

好調だったはずの商家。もともと曾祖父が海のない群馬県に魚を売ろうと販路を確保し、魚を販売。そこから発展し、スーパーを4店舗持つまでになった。藤野さんが入ってからは小売業から卸売業の転換をはかり、成功。藤野さんが築地市場で修業中に出会った縁をいかし、大クライアントからばんばん仕事をとってきた結果、扱う金額は5倍以上にもなったという。

しかしそこに落とし穴があった。小売なら日銭が入るが、卸売で大企業の場合、支払いサイトが何ヵ月も先になることがあり、急拡大した会社の資金繰りが追いつかなくなっていた。藤野さんはばんばん仕事をとってきていたが、資金繰りをしていたお父さんである社長が、追いつかない資金繰りのためにサラ金に手を出してしまい、それでも資金繰りが回らず、不渡りとなってしまったのだ。

月給100万円、高級車4台を乗り回す社長の息子は、2人の子どもと妻を連れて、高崎に逃げたのだった。藤野さんは言う。

「今まで友達だった人はほどんど誰も助けてくれなかった。電話にさえ出てくれなかった。金があったから寄ってきていた。仕事をくれるかもしれないから寄ってきていた。それだけだったということに気づかされた」

旅館の仕事をしながら個人でコンサルタントの仕事

とにかく家族を食べさせなければならない。仕事は何でもよかった。たまたま求人のあった出版関係の会社の広告営業として働くこととなった。

月収は30万円以下に。もちろん高級車を乗り回すこともできない。専務や取締役といった肩書きはなく、一平社員として入社した。今まで従業員に指示を出し、経営陣として仕事をしていたところから一転。慣れない会社員生活も、家族のためと必死に働いた。

そこで3年働いた後、縁あって1泊10万円の高級旅館に勤めることとなった。前職の経験を活かして宣伝や広報にかかわるはずだったが、ここでもまた完全に一からの出直し。30歳半ばながら新入社員として、旅館の風呂掃除からトイレ掃除など、下働きする毎日が続いた。

しばらくすると下働きだけでなく、やっと広告・宣伝にも関わらせてもらえるように。前職での経験から広告提案はお手のものだった。インターネットを使ってプロモーションする企画を提案。その効果は絶大で、藤野さんは社長に見初められ、プロモーションマネージャーとして抜擢されることとなった。特にフェイスブックを使ったプロモーションに長け、旅館に多くの宿泊客を呼び寄せることに成功した。

次第に藤野さんのフェイスブックを活用したプロモーション方法が話題となり、旅館には藤野さんのもとに「ネットを使ったプロモーション方法を教えてほしい」と何人もたずねてくるようになった。

旅館の仕事を終えた後、夜や土日を使って、主に個人事業主や一人社長会社の個人相談を受けた。口コミで相談客が次々と来るようになり、お客さんからのアドバイスもあって、報酬をもらって仕事をするようになった。次第にその報酬額は大きくなり、旅館で勤めている月収を超えるまでにいたった。

商売人の血が騒ぎ、独立

そんな時、旅館の上司から呼び出しをくらった。あまりにも個人活動が活発になっているため、個人活動を辞めるか、旅館を辞めるか、二者択一を迫られたのだ。

「なら旅館を辞めます」

商家の4代目としていずれは社長になるはずだった商売人の血が流れている。雇われ生活は正直、慣れない。家族のためと思い必死でがんばってきたが、もうそろそろ自分の好きなことをして自分の商売をしてもよいのではないか。それに何より自分の好きなことを活かして、お客様に喜んでもらうことができる。

こうして藤野さんは2012年に独立。商売繁盛セラピーとして、活動している。

お金に何不自由なく暮らしていた田舎のぼんぼんが、突然の不渡りで夜逃げまでして、一度は自己破産までした。そんな彼が必死になって下働きをし、そこで得た経験をフルに活用した結果、個人としてその能力を高く評価され、お客さんがついていったのだ。

解題　目の前のことに全力を尽くせば、人生はひらける

人生うまくいかないと嘆く人が多い。自分は恵まれた環境にないとか、才能がないとか、自分に言い訳しまくり、自分の人生を生きていない、死人のような人間がわんさかいる。

藤野さんは誰もが羨む環境から一転してどん底に突き落とされ、でもそこから這い上がってきた。それは目の前の仕事に全力を尽くし、その経験をもとに個人の力へと変えていったからだ。

仕事がイヤだとか会社がイヤだとかぬかしてないで、目の前の仕事に全力に取り組み、そこから何かしらのノウハウなり力を身に付け、いつ会社から投げ出されても、個人で働く力を身に付けるべきだと思う。

関連リンク
・ホームページ「藤野淳．ＣＯＭ」http://fujinojun.com/
・フェイスブック「藤野淳」https://www.facebook.com/jun.fujino/

人材育成トレーナー

佐藤政樹

就活負け組から劇団四季の主役に！2000冊の仮予約で本を出版する人材育成トレーナー

就職氷河期で内定をもらえずフリーターになったが、何を思ったか23歳から劇団四季をめざし、27歳で入団、主役にまで上りつめたという〝奇跡〟を実現した男、佐藤政樹さん。しかし主役を務めたことで完全に燃え尽き症候群になり、2012年に劇団四季を辞め、今は人材育成トレーナーとして活動をしている。

就活負け組がなぜ劇団四季の主役にまでなれ、辞めた後も本を出版するなど不可能を可能にしたのか、話を聞いた。

（取材日：2014年11月13日）

プロフィール　1975年、静岡県浜松市生まれ。明治大学理工学部卒。劇団四季と気象予報士のW合格を決意し、23歳からクラシックバレエにチャレンジ。28歳手前でW合格を果たす。劇団四季では入団8年目に『人間になりたがった猫』で主役のライオネル役を務める。劇団四季退団後は、「人に伝える」や「生き方」「プロとしての在り方」をテーマに、企業や教育機関で研修や講演を行う。

就職氷河期で就職できずミュージシャンをめざすも挫折

佐藤さんが生まれたのは1975年。この年代はとばっちり世代、ロスジェネ世代とも呼ばれ、バブルに浮かれた時代から一転、就職氷河期が訪れ、思うように就職ができなかった世代だ。明治大学理工学部に合格にしたたにもかかわらず、これといった目的もないまま就職活動を迎えてしまい、漠然と名だたる大企業を受けては落とされまくっていた佐藤さん。

「就職なんかせず、オレは好きなことを仕事にするんだ！」と、得意だったギターでミュージシャンになろうかとも思ったが、周囲の友達が次々と就職していく姿に焦りを覚え、あっさりあきらめて就職活動を再開。しかしまったく受からず、どんどん青ざめていった。

見るに見かねた寮の方がコネで浜松の地元の企業を紹介してくれ、内定が決まったものの、「やっぱりここは自分の居場所じゃない」と、せっかく紹介してくれた寮の人の顔に泥を塗るような形で就職をやめた。

大学卒業し無職。「オレは好きなことを仕事にするんだ！」と、再びミュージシャンをめざすも、またしてもあっさり3ヵ月であきらめてしまった。

マンションの管理人室の一室を間借りし、家賃2万7000円の部屋で暮らしながら、無目的のままただその日暮らしのフリーター生活に突入。大学合格まではよかったものの、その後は絵に描いたようなダメダメ人生だったのだ。

死んだ目をした自分に愕然 劇団四季に衝撃を受け入団をめざす

フリーター生活が約1年過ぎた、23歳の誕生日。鏡を見ると死んだ目をした自分がいて、「このままじゃヤバいのではないか」という強烈な恐怖感に襲われたという。親にも迷惑をかけた。会社を紹介してくれたのに内定を蹴ってしまい寮の人にも迷惑をかけた。このままじゃいけない、誰かに認められたい――。

たまたまその時、俳優養成所の広告が目に入り、「ここで自己研鑽をしよう!」と通うことに。そこで出会った友達から劇団四季の舞台を見に行こうと誘われ、出演者の魂のこもったパフォーマンスに衝撃を受けた。

その後、劇団四季でバレエの指導をしている先生のレッスンを見に行くことになり、そこで再び衝撃を受ける。夢に向かって真剣なまなざしで汗を流す若者たちに驚いたのだ。

「自分もここに通って自分を磨き直したい!」

そんな思いからレッスン通いが始まり、劇団四季への入団をめざすようになった。

主役オーディションに合格も、2度も大失敗し舞台に立てず

23歳からの無謀な挑戦。これまで舞台経験もないのに、日本のトップクラスの劇団入りをめざすなんて。でももうダメダメな自分ではいたくない。迷惑をかけた人に立派な姿を見せて認めてもらいたい。そんな思いから、バイトしながらのレッスン通いが始まった。

修行を続けて約5年。2002年、27歳の時、劇団四季に合格した。前代未聞の奇跡的な出来事だった。しかも劇団入団の修行のかたわら何か国家資格も取りたいと考え、同じ年、7回目にして気象予報士の資格試験にも合格するという快挙を成し遂げた。

「夢が叶った！　しかもダブルで！」

しかし劇団に入ってからが大変だった。「入ることより残ることの方が難しい」と佐藤さんが言うように、入ってからもその中で熾烈《しれつ》な争いがある。半年ごとの契約で、更新されなければ退団になってしまう。

「不器用だし素人あがりのへたくそだけど、でもコツコツ地道にしっかりやっている」との評価から、主役になれることはなかったが、劇団に所属し食べることはできた。

だが劇団生活が7～8年を過ぎた頃から疑問を持つようになる。

「このままその他大勢の役だけやっていても先がない」

そこで劇団内の主役オーディションに応募することにした。主役オーディションは激烈な戦

いだ。ただ佐藤さんが応募した「人間になりたがった猫」という作品は、すでにこれまで何度となく端役を務めており、「主役のセリフも歌も全部覚えていた」という。その成果があってか厳しいオーディションを勝ち上がり、主役の配役が決定したのだ！

すごいサクセスストーリーと思いきや、その後のオチがつらい。舞台1日前。本番前の舞台稽古で緊張のあまり大失敗。「そんなんじゃ主役は務まらん！」と、射止めた主役を落とされてしまった。ただ、もし主役に何かあった場合の代役としてのポジションはもらえた。そして3ヵ月後にチャンスが訪れる。しかしここでも大失敗。劇団内の信頼を失うだけでなく、佐藤さん自身も自信を喪失してしまった。

しかし運命とは不思議なもので、もう二度とチャンスが訪れないと思っていたのに、その後主役の人の声が出なくなることがあり、急きょ代役に抜擢。1ヵ月間、その人に変わって主役を務めることができたのだ。

燃え尽き症候群で目的喪失から講演家として独立

主役を1ヵ月務めた後、佐藤さんは燃え尽きてしまった。もう心も体も動かない。

「結局、今まで自分自身のための目標ではなかったんだと思います。就職活動に失敗したことから、ただひたすら誰かに認められたい、その一心でやってきた。だから劇団四季に入団し、主役を務めることができ、もうそれでいいやと燃え尽きてしまったんだと思います」

人から認められたいという思いだけで突っ走ってきた。だから目標が達成できたらその後の目標がない。こうして劇団四季を退団することにした。

でも佐藤さんには次のステップとなる、自分の目標となるものが生まれつつあった。講演だ。劇団四季を退団する前、人生初めての講演依頼があった。ワタミの渡邉美樹氏が理事長を務める郁文館夢学園での講演だった。「子どもたちの前で夢を語ってほしい」と。

フリーターから劇団四季に入団し、主役にまでなれたという、あり得ない奇跡の夢物語を話した。どんなに他人から無謀と言われようとも、あきらめなければ夢は叶う——。講演には大きな反響があった。そして講演を聞いた子どもの一人から「大人になってから夢を叶えることができるのなら、僕は何でもできるのではないかと思った」との感想があり、「これまでの経験をもとに講演を主に活動していこう」と決めたのだ。

2012年に独立。もちろんはじめは講演だけでは食べていけず、飛び込み営業の仕事をしながら講演活動も並行していった。これまで舞台で磨かれたパフォーマンス力や伝える力により、講演の評判は口コミで広がり、今は営業職の仕事はやめ、講演や企業の研修などの仕事をメインにしている。

本を出したい一心で2000冊の仮予約を集め、出版決定！

講演を本業とする中で、本を出して多くの人に伝えたい、という思いもあった。はじめは本の出版など楽勝だと思っていた。フリーターから劇団四季入団、しかも主役まで務めたなんて申し分ない経歴だ。

ところが、出版社を回れど回れどぜんぜんダメ。そこで「出版前に1000冊仮予約集めれば出せるのでは」と思い、コツコツと想いを語って、1000冊の仮予約を集めてしまった。

ところがだ。ある出版社からこんな風に一蹴された。

「佐藤さんの伝えたい事は佐藤さんだからできることであって、一般の読者は共感しない」

異色の経歴ゆえに読者の共感なんか得られないという強烈な一言。1000冊も仮予約を集めても本を出せないのか……。そんな時、ある出版社のカリスマ編集長に出会い、2倍の「2000冊仮予約する」というのを条件に再び全国を奔走。講演をし、応援してくれる人を集め、なんと2000冊の仮予約を達成。ついに本を出せることになったのだ。

佐藤さんはエリートではない。順調な成功者でもない。どん底からはいあがってきた負け犬からの逆転人生だ。しかもはいあがってきたプロセスに、トリッキーなところはない。ただただ人からどんなに無謀と言われようと、そんなものできるわけがないと言われようと、目の前のことをコツコツ夢に向かって努力してきた。

2014年に出版された『幸運は、なぜ「むこう」からやってくるのか』(学研マーケティング)を読んだのだが、異色の経歴を中心とした話ではなく、負け組でも夢が持てない人でも自分に自信がない人でも、どうやって人生をいい方向に持っていけばよいのか、極めてわかりやすく、誰もが実践しやすいよう書かれている。

ほんと世の中、いろんな人がいる。自信がないとか才能がないとか自分には無理なんてあきらめていないで、佐藤さんのように目の前のことを愚直に真剣にやることの積み重ねが、人生を切り拓く秘訣なのではないかと思う。

解題 ドリームキラーに惑わされるな！　不可能も可能になる

これまで何の経験もないのに23歳からクラシックバレエをはじめて、劇団四季に入団でき、主役まで務めてしまう。にわかに信じがたい話だが、佐藤さんはそれを実現した。

でももし自分の友人や家族が「劇団四季に入団したい」と突然言い出したらどうだろう？多くの人は「そんなの無理」「やめた方がいい」とアドバイスするのではないか。

世の中の大半の人はドリームキラーだ。夢を殺す。既存の価値観や常識で判断し、夢を見つけ夢にまい進しようする人のモチベーションを萎えさせてしまう。でもそんなドリームキラーに負けてはダメ。佐藤さんのように不可能を可能にした人がいるのだから。

関連リンク
・ホームページ「佐藤政樹オフィシャルサイト」http://satomasaki.com/

パティシエ

梶浦恭弘

お米のクレープ店を原宿に出店する小麦アレルギーのパティシエ店主

パティシエなのに突如、小麦アレルギーになってしまい、仕事ができなくなってしまった梶浦恭弘さん。しかしそんな逆境にもめげず、小麦を使わないおいしいケーキやクレープを作り続けている。絶望と思える状況も新たな道への転換とし、自分と同じ悩みを持つ人のためにスイーツを作り続ける梶浦さんを取材した。

（取材日：２０１４年２月３日）

プロフィール　高校卒業後、調理の専門学校に3年。東京のフランス料理店で3年。東京のパン屋で3年。神戸のケーキ屋で6年。パティシエとして様々な店で修業を積み、愛知県豊橋市で自分のケーキ店を開業。しかし突如、小麦アレルギーになってしまう。そこでお米を使ったケーキ屋をオープン。アレルギーの子どもたちにスイーツを広めたいとの思いから、ケーキ屋を休業し、2014年2月に原宿でお米を使ったクレープ店をオープン。

念願の自分の店を持てたのに小麦アレルギーに

「店の換気扇から出てくる小麦粉を吸っただけで、ぶっ倒れてしまうこともあるんですよ！」とにこやかに話すのは梶浦さん。小麦アレルギーになったのは10年ぐらい前のこと。梶浦さんはこれまでずっと飲食業一筋でやってきた。高校卒業後、調理の専門学校に3年。東京のフランス料理店で3年。東京のパン屋で3年。神戸のケーキ屋で6年。パティシエとして様々な店で修業を積み、念願かない、生まれ育った愛知県豊橋市で、自分のケーキ店を持つことができた。

ところが店を構えた1年後。突然、小麦アレルギーになってしまった。ケーキ屋なのに店主が小麦アレルギーになってしまうなんて……。

とはいえ自分の店を構えたばかり。このままやめるわけにはいかないと、しばらく我慢して店を続けていたが、アレルギーになった体で続けることは不可能だった。

「飲食業で働く人で食品アレルギーになる人は結構いるんです。でもアレルギーになってしまうとだいたいが飲食業をやめてしまう。でも私はそれはしたくなかった。作るのが好き。食べて喜んでもらうのが好き。アレルギーのために好きなことを辞める気はなかった」

小麦を使わなくてもおいしいケーキを作ればいい。いろいろ研究を重ねた結果、お米を使っておいしいケーキを作れるようになり、お米のケーキ屋さんをオープンさせた。

「はじめはお米屋さんと間違う人が多くいました。店に入ってきて『なんでケーキしか売ってないんだ。お米はないのか！』って（笑）」

おいしいケーキの秘訣は、自ら製品開発を行った米粉。小麦はもちろん、小麦に含まれるタンパク質も一切使わないグルテンフリーの食材だ。小麦アレルギーの人にとって、おいしいケーキを食べられるのはうれしいこと。遠くからわざわざ豊橋まで店に来てくれる人も多くいた。

アレルギーの人に限らず、一般の人にもダイエットや健康にもいいということで評判になった。おいしいケーキを食べても太りにくいならこんないいことはない。

梶浦さんはケーキ屋をするだけにとどまらず、家でも気軽に調理できるよう、様々な米粉の通信販売を開始。米粉のホットケーキミックス、米粉のお好み焼きミックス粉、米粉のたこやきミックス粉、米粉のからあげ粉などを開発し、販売もしている。

リスクを覚悟で原宿にクレープ店を出店！

はい、これでめでたし、めでたし、とならないのが梶浦さんのおもしろさだ。

梶浦さんは思った。「このままでは広がりがない」と。「俺の夢は小麦アレルギーの全国の子どもたちに、安心して食べられるおいしいスイーツを提供することだ！」という思いが大きく膨らんでいた。

もっと多くの人に、小麦なしでもおいしいスイーツが食べられることを知ってほしい。アレルギーの人だけでなく、健康やダイエットを気にする人にも、グルテンフリーのスイーツを食べてほしい。

そこで思いきった決断に出た。豊橋の店を半年間閉め、原宿でお米のクレープ専門店を出店することにしたのだ。

「小麦なしでおいしいスイーツが食べられることを、広く全国の人に知ってもらうためには何がいいか考え、原宿でクレープ店を出すことにしました。原宿という場所でクレープ店を出すことで、店の存在自体が世の中に向けた大きな情報発信になる。また多くの人に実際に食べてもらって、小麦なしでもおいしいスイーツがあることを知ってほしい」

豊橋でお米のケーキ屋さんと通信販売だけをやっていれば、ビジネス上の大きなリスクを背負わず、生活ができただろう。にもかかわらず、あえて梶浦さんは大きなリスクをかけて、原宿に店を出す。店は原宿駅からすぐ近く、竹下通りからも近いが、かなりの裏路地にあるため、たまたま道を通った人が訪れる場所ではない。妻も子どももいるが、従業員2人を連れて東京暮らしをスタートし、店舗資金や厨房機器など様々な出費をして、店を出す。

「だってこのままじゃ、つまらないじゃないですか。原宿に店を出すことにはもちろん不安もあります。でもやってみなければわからない。何もしない限り、広がらない。それに何より原宿に店を出すなんて楽しいじゃないですか。私は今まで苦労したとか大変だったとか思ったことはない。自分が好きで、楽しいことをしているだけ。だから不安より期待の方が大きい」
「だからね、小麦アレルギーになったけど、今までつらいとか苦しいとか思ったことはほとんどない。むしろ小麦アレルギーになって、お米でおいしいものが作れることを知り、今まで以上に人生楽しくやっています」と心から楽しそうに話をしてくれた。

小麦アレルギーの子どもにもおいしく食べれらるものを提供したい。アレルギーの人じゃなくても、おいしいものを食べてほしい。より多くの人にお米クレープを知ってもらおうと、ユニークな取り組みもはじめている。カフェやケーキ屋さんなどに、このお米クレープを、メニューに加えませんか？　という働きかけをしているのだ。

「お米のクレープ店をやってくれるフランチャイズ店も募集していますが、フランチャイズ店というと敷居が高いじゃないですか。そこですでに店を持っているカフェなどに、お米クレープを1メニューとして導入しませんかと話を持ちかけています。カフェでお米クレープをメニューとして導入すれば、モーニングやランチ以外の時間で客の単価アップにつながる可能性がある。私としても多くの店がメニューに取り入れてくれたら、全国の子どもたちにおいしいお米クレープを広めることができる」

ものすごいリスクを負っての出店にもかかわらず、むしろ原宿出店を機に、大きなチャンスが広がるとワクワクしていて楽しそうな梶浦さんは、「動かなければ何もはじまらない。好きなことをとことんやればいい。失敗したら撤退すればいいだけ」と話してくれた。

※なおジャパンクレープ原宿店は2015年3月に原宿内で場所を移転。お米を使った美味しいグルテンフリーカフェ「little bird（リトルバード）」を併設して再オープンしている。

解題　病気は人生の使命に目覚めるきっかけになる

病気や事故はできれば避けたい人生のイベントだ。でもいろんな人に話を聞くと、病気や事故がきっかけで人生を見つめ直し、自分の人生の使命が明確にわかるようになり、その後、いきいきと暮らす人も結構多い。

パティシエの梶浦さんにとって、小麦アレルギーになってしまったことは、普通に考えたらこんな不幸なことはない。でもそこであきらめず、ならば小麦を使わずスイーツを作ろうと発想を転換できた。

自分が困っていることは、他にも困っている人がいる可能性が高い。梶浦さんは小麦アレルギーになったからこそ、小麦アレルギーだけどスイーツを食べたいという人のために役立つことができるようになった。

病気や事故をマイナスと捉えず、これを機会に自分の人生を見つめ直すと、今までよりはるかに充実した人生を歩めるのではないかと思う。

関連リンク
・ホームページ「お米のクレープ専門店 JAPAN CREPE」http://plaza.rakuten.co.jp/japancrepe
・ブログ「ジャパンクレープ原宿店のブログ」http://ameblo.jp/komeko-crepe/
・フェイスブック「ジャパンクレープ原宿店」https://www.facebook.com/japancrepe.harajuku

波瀾の巻

——人生、何があるかわからない

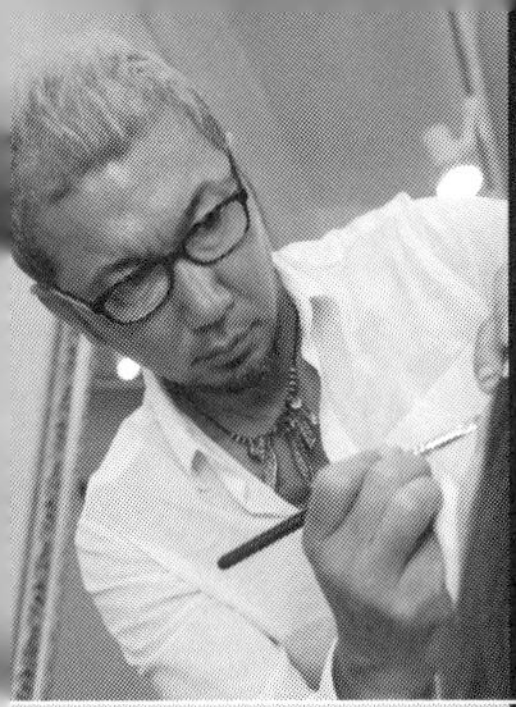

濱宏之介

森透匡

川口徹

土岐山協子

美容師

濱宏之介

月1000万円稼ぐテレクラ経営から人気美容師に人生から逃げまくって手にした天職

　表参道・南青山に自分の店を持ち、有名女優や有名モデルのお客さんもいるという人気美容師・濱宏之介さん。アメリカでの美容留学修行経験もあると聞けば、さぞ昔から美容師になりたくて、地道な努力をし、順風満帆に階段を駆け上がり、夢を手にした人だと思いがちだ。ところが話を聞いてびっくり！　今まで人生から逃げることばかり考え、以前はテレクラを経営して荒稼ぎしていたこともあったという。

　目の前のことから逃げてばかりの濱さんが、どうして人気美容師になれたのか。

（取材日：2014年6月27日）

プロフィール　兵庫の高校を卒業後、東京の大学に進学するも中退。美容師見習いになるも辞めてしまい、23歳でテレクラ経営者に。荒稼ぎした時期もあったが売上が急減し、アメリカへ。ビバリーヒルズやニューヨークの有名サロンで美容師として働く。40歳の時に帰国し、日本で美容室をオープン。

テレクラ経営で高級車を乗り回すバブル時代の〝与沢翼〟

高校生まで兵庫県西宮市で暮らした濱さん。親がスパルタ教育で嫌気がさし、学校もろくに行かず、髪は真っ赤で不良じみたことをしていた。「母親が街で会っても目をそむけて隠れてしまうぐらい、ひどい格好をしていた」と濱さんは言う。

親から離れたい、西宮から離れたい。その一心で東京の大学に入学。しかしバカらしくなってわずか2週間で辞めてしまった。親からは大学を勝手に中退し、勘当ものだったという。もう実家には帰れない。東京で生活しなくてはならない。

「女の子にモテる仕事がいい」

そんな安易な気持ちで表参道の美容室に見習いとして入った。

濱さんは要領がよかったため、見習いの中で上達が早かった。しかし美容師への情熱があるわけでもプロ意識があるわけでもなく、ただただ手先が器用というだけ。はじめはそれでもよかったが、何年か経つうちに、どんどん他の美容師たちに追いつかれていく。

「自分は美容師という仕事に対して哲学もなければ信念もない。このままいたら、どんどん他のやつらに追い越されていく」

それがイヤで美容室を辞めた。ここで勝負せず、目の前のことから逃げたのだ。

髪を切るだけでなくヘアメイクもできればと思い、有名ヘアメイクアップアーティストに弟子入りした。

しかしアシスタントとしてもらえるのは月給5万円。これでは暮らしていけない。お金が稼げる夜のバイトをするようになった。

ところがバイトをしてもお金はたまらない。もともと遊び好きで毎晩遊び歩いていた。

「普通にアルバイトをしてもお金は稼げない。手っ取り早く大金稼げる方法はないだろうか」

そこで思いついたのが、テレフォンセックスだ。

当時はまだインターネットも携帯電話も普及していない時代。23歳の濱さんは自宅に固定電話の回線を5台分ひき、遊び仲間のギャルたちを集め、バイト料を払うからといって、電話口でいやらしい会話をしてお金をとるテレフォンセックス業を始めた。

10分話すと2000円。ネットもない時代、宣伝に苦戦し、はじめは月に10万〜15万円ぐらいしか稼げない。女の子にバイト料を払ったら濱さんの手元には何も残らなかった。

しかし転機が訪れる。知り合いにエロ本雑誌の編集者がいて、ぜひ取材して記事を載せたいとの話に。この記事が掲載されるや否や、日本全国から電話がかかってきて、5台の電話は鳴りっぱなし。大盛況となり、1日に粗利で約30万円、1年で約1億円もの大金を稼ぎだした。

月給5万円のヘアメイクのアシスタントはもちろん辞めた。テレクラでこんなに稼げるのだからバカらしくてやってられない。23歳で手にしたあぶく銭。ポルシェをはじめ高級車を乗り回し、高級時計を何本も身に着け、女の子をはべらし、金目的で寄ってくる人たちと毎晩遊び歩く日々。今でたとえるなら〝与沢翼〟状態だった。

テレクラが減収、逃げるようにアメリカへ

しかし濱さんのテレクラバブルはそう長くは続かなかった。ダイヤルQ2という新しいサービスが登場していたが、思いつきで始めたテレクラ事業ゆえ、こうした新しいサービスにキャッチアップできず、売上は急減。テレクラで稼げなくなってしまったのだ。

あぶく銭を稼いで羽振りの良い経験を味わってしまった人間は弱い。今さら美容師やヘアメイクに戻ることもバカらしくてできない。あれだけ大いばりででかい顔していたのに、金がなくなればどんどん人は去っていく。もうこんなみじめな状態で日本にはいられない。

「そうだ、アメリカに行こう」と、思いつきでまたしても逃げる選択をした。

小手先の器用さだけでは通用しない

24歳の時、ポルシェと高級時計を売って、500万円の貯金をもとにロサンゼルスへ。英語もろくに話せず、トラベル英会話本を見て、1日3つ文章を丸暗記していたりもした。貯金があるので働く気はせず、ロスで遊びまくっていた。

しかし1年もするといよいよお金が尽きてきた。働かなくてはならない。でも何をしよう?

皿洗いや掃除のアルバイトをしてみたものの、今さらこんな仕事なんかできない。

その時、思った。そうだ、美容師として働こうと。

どうせ働くなら有名サロンで。そう思い、ビバリーヒルズにある超有名サロンのオーディションを受けにいった。日本での美容師経験はわずかだったが、濱さんはいくつも賞をとっていた実績があった。

「賞をとるなんて簡単。主催者が何を求めているかを分析し、それをやればいいだけ」

ビバリーヒルズの有名サロンのオーディションもそれで臨んだ。オーディションを受けている他の人間より、自分ははるかにうまいという自信があった。何より日本人は外国人に比べて細かい作業が得意だ。しかし落選した。

納得がいかなかった。他の奴らより絶対にうまいはず。そこで濱さんは思った。

「落選したのは日本人だからと人種差別しているからじゃないか。相手がそんな嫌がらせをするなら、オーディションを受け続けてやろうじゃないか」

そんな思いで何度もサロンのオーディションを受けるように。

6回目のオーディションが終わった時のこと。何度も何度も来る濱さんを不審に思った店の人が声をかけた。

「なぜ、あなたは何度もオーディションを受けにくるのか」

「この店で働きたいからです」

「でもなぜ君が何度も落選しているか、理由はわかるかい？」

濱さんは堂々と答えた。

「人種差別してるだけでしょ」

店の人は大笑いした。

「人種差別？　冗談じゃない。君がなぜ落選するのか教えてあげよう。君は確かに技術はうまい。でもはっきりいって小手先の技術でみえみえすぎる。そして何より君にはまったくオリジナリティがない。猿まねして少しうまいぐらいじゃこの仕事は務まらない」

濱さんはこの言葉にショックを受けた。今まで小手先の器用さだけで人生を乗り切ってきた。でもその浅はかさを見事に見抜かれ、ズバリ指摘されたのだ。

こうなったら何としても受かってやる。次に受けたオーディションでは、主催者のことを考えて受かりやすいようなカットではなく、自分が表現したいカットをした。すると今まで落選していたのがウソのように合格し、ビバリーヒルズの有名サロンで仕事ができるようになった。

美容師の仕事のおもしろさに目覚め、日本に〝凱旋〟帰国

そこのサロンには超お金持ちのセレブや、スーパーモデルなども頻繁に来る。そこで濱さんは初めて、美容師の仕事のおもしろさ、やりがいを知った。

「今までは自分が女の子にモテるためにとか、小手先の技術でコンテストの主催者に受けるカットができればとか、自分がかっこつけるためだけのカットをしていました。でもここで気づかされました。カットすることは、お客さんに小さな幸せを提供する仕事だと。お客さんに喜んでもらうために、お客さんが望む姿、美しい姿にするために、お客さんの心を察知して、自分の技術で表現する。それがプロの美容師としての仕事ではないかと」

アメリカのお客さんは日本と違ってはっきり評価を下す。ダメならダメ。いいならいい。

「お客さんに気に入ってもらえるとものすごい評価をしてくれる。それが何より喜びでした」

そこで約2年半働いた後、どうせやるならアメリカ一を目指したいと考え、ニューヨークの有名サロンに連絡を取り話しにいくと、なんと店で働けることに。27歳にしてニューヨークの店に移った。

テレクラ事業失敗でアメリカに逃げたはずが、アメリカで気づかされた美容師の仕事のおもしろさ。これぞ天職との思いで、アメリカ永住も考えていた。

そんな矢先、日本の大手エステ会社から突然のオファー。ある映画でのヘアメイクの監修をしてほしいとの依頼だった。すっかり日本のことは忘れていた。アメリカの有名店で活躍する日本人美容師がいるという話を、どこかで聞きつけてきたのかもしれない。

迷ったが、オファーを受けることにした。ギャラが破格によかったことが一番の理由だったが、日本に戻りたいという気持ちもどこかにあったからだった。

無料でヘアメイク・撮影する「日本美人化計画」

映画がきっかけで有名女優やモデルさんの仕事も増えた。表参道の大きなサロンを任されたこともあった。40歳、２００７年からは独立し、表参道に自分の店をオープン。２０１３年に現在のお店「ma/4」をオープンした。

今、濱さんがやるべきことはとてもシンプルだ。日本の女性をビューティーのプロとして美しくすること、ただそれだけ。その中で濱さんはこんな思いも抱いている。

「せっかく魅力ある女性なのに、その良さを引き出せていない」

そこで濱さんが始めたのが「美人化計画」だ。なんと濱さんが無料でヘアメイクをしてくれて、写真まで撮ってくれるというものだ。

「せっかく魅力ある女性なのに、自分の顔のことがわかっていない。自分の仕草や容姿のことをわかっていない。魅力があることがわかっていない。とってももったいないと思うのです。だから魅力を引き出すメイクと、客観視できる写真で、まずは自分の魅力を知ってほしい。そんな思いで始めました」

希望者は濱さんに連絡すれば無料でやってくれるというのも驚きだ。

「これは仕事とは別なので無料でやっています。もちろん美人化計画に参加してくれれば、その人がファンになってお店を利用してくれるかも、宣伝になるかもという狙いもありますが」

これだけの実績を誇っていながら、無料で実績作りの活動をする素晴らしさ。

「私はずっと目の前のことから逃げてきた。でも天職に出会えたのは、立ち止まらなかったからだと思います。だから多くの人に言いたい。逃げてもいい。でも立ち止まるのだけはやめた方がいい。前に進めなくても、逃げて後ろに戻っても、そこに新たなチャンスがあったりする。そのチャンスをつかむかどうかは自分次第」

水は流れるから腐らない。でも流れなくなった途端、水は腐る。人間もそれと同じ。逃げても動いていれば腐らないが、何も行動しなければどんどん腐っていく。

テレクラで荒稼ぎした過去も平然と明かす濱さん。

「別に事実ですから。隠したところで仕方がないですし、それを聞いてイヤだなと思う人は仕方がない。でも今はプロとしてビューティーの仕事にまい進しています」

テレクラで荒稼ぎして、高級車を乗り回し、女の子をはべらし、遊び回っていた人が、今は女優やモデルのカットやヘアメイクを担当し、表参道に店を構えるまでになったという事実。

人生あきらめるのは早い。逃げてもいいから動くこと。動いていればきっと自分の天職が見つかるはず。

解題　成功しているように見せる人でも、長く苦しい過去もある

人は他人をよく見てしまう傾向がある。成功者を見て「あの人は運がいい」「あの人には才能がある」「だから私には無理」という論法で簡単に夢をあきらめてしまう。でも成功している人が、何の苦労も何の心配もなく、とんとん拍子で成功したわけではない。わざわざ語らないだけであって、他の人と同じように、悩み、苦しみ、時には失敗し、時には逃げながらも、どこかでチャンスをつかみながらここまできた。濱さんの人生を見ればそれがよくわかる。

成功者の上辺だけを見て、夢をあきらめる必要はない。みんな陰で努力していたり、いろんな経験をしているからこそ今があるのだ。

関連リンク

・店のホームページ「ma/4」http://ma-4.com/
・フェイスブック「濱宏之介」https://www.facebook.com/kounosuke.hama

コンサルタント
森透匡

刑事を辞めて46歳で独立起業！退職のきっかけは原発爆発遭遇

「今やね、刑事が独立起業する時代なんですよ。覚悟を決めれば誰だって独立できますよ！　刑事の私だって起業できたんですから」

そんな話を聞いたのは2014年4月に行われた天職塾でのこと。天職塾は「好きなことで起業できる」の著者・三宅哲之さん主催のセミナーなのだが、そこで天職塾生で独立起業した元刑事の森透匡《ゆきまさ》さんに出会った。子どもも2人いる彼は、なぜ46歳で安定した給料がもらえる刑事を辞め、独立しようと思ったのか。

（取材日：2014年5月2日）

（撮影：永田知之）

プロフィール　警察官として27年、うち刑事として20年勤務。主に知能・経済犯担当が長く、政治家、経営者、公務員など多種多様な人物の取り調べを担当。詐欺、横領、背任、選挙違反事件などに携わる。東日本大震災では広域緊急援助隊の中隊長として福島に派遣され、第一原発の水素爆発にも遭遇。この震災を契機に「人間何があるかわからない。もっと挑戦したい」と一大決心の上で独立。起業後は刑事のスキルである「ウソや人間心理の見抜き方」などを教える「刑事塾」を開講。

両親の離婚、再婚で荒れた家庭
周囲を見返したいとの思いから刑事に

「うち、両親が離婚、再婚を繰り返して荒れた家庭だったんですよ」

なぜ刑事になろうと思ったのかという質問に対し、森さんからそんな答えが返ってきた。

お父さんは頑固一徹の九州男児。そんなお父さんについていけず、お母さんが家を出てしまう生活。お父さんは星一徹みたいな人で、何かあれば森さんもぶん殴られて怒られることも多く、荒んだ家庭環境から、不良の道を歩んでもおかしくはなかった。

中学生になったらぷらぷら遊んでグレようと思っていた。しかしたまたま学校で行われたソフトボール大会に出た時、森さんはホームランを連発。それを見た野球部の監督が「野球部に入ってほしい」と何度も懇願。

「めんどくせいし、遊びたいから、やだ」といっていたものの、あまりにも懇願されるので野球部に入った。「このおかげで不良の道に進まずに済んだ」と森さんは話す。野球に熱中できたからだ。キャプテンとして活躍した。

高校は野球の名門校に入り、甲子園を目指した。だが甲子園には行けず、高校生活が終わりを告げ、さてどうしようかと思った。

家庭は相変わらずぐちゃぐちゃ。「あの変な家庭のところの子どもだよね」と周囲の目は冷たい。その時、森さんは思った。

「このままだと、不良かヤクザ。周囲の人たちを見返す立派な職業につきたい」

そんな思いから高卒で警察官になった。

大物政治家事件で疑問を持ち独立を考えるように

周囲を見返したいとの思いでガムシャラに働いていた森さんは、同期の誰よりも早く、通常より5～6年早いスピードで昇進していく。23歳の若さで刑事に抜擢。知能・経済犯を扱う捜査二課に配属された。以後20年以上、詐欺、横領、贈収賄、選挙違反などの事件を担当。35歳の若さで警部に昇進するなど、階級社会の警察の中で、順風満帆な生活を送っていた。

しかし、ある事件をきっかけに仕事に疑問を抱くようになる。大物政治家が絡むある事件を進めていたのだが、理由もよくわからず捜査の撤退を指示されたのだ。

「今まで刑事をやってきてこんなことは一度もなかった。組織に対し、初めて不信感を覚えた大きな出来事でした」

部下とともに悔しがったが、どうやっても組織には逆らえない。その時、今までまっしぐらに歩んできた警察人生に疑問を持つようになった。組織に逆らえない組織人間で終わってしまっていいのか。自分が正しいと思ったことをできる仕事はないのか。この頃から漠然と独立起業を考えるようになった。

3・11で福島・浪江町に派遣、5日間で2度死ぬ思い

知能犯・経済犯の刑事が長かったが、2011年に広域緊急援助隊に異動となった。広域緊急援助隊とは、大規模災害が起きた際に、被災地で救援活動などを行うための警察組織だ。1995年に阪神・淡路大震災が起きた際、警察には災害時に緊急に対応する部隊がなかったため、この時の教訓をもとに結成された。

森さんが隊に配属された直後の2011年3月11日、東日本大震災が発生。千葉の中隊長だった森さんは、福島の浪江町に派遣されることとなった。

3月11日夜に出発し、3月12日朝に到着。被災地での避難誘導活動をしている際に、とんでもない知らせが舞い込んできた。

「中隊長、原発が爆発しました‼ 今すぐ逃げてください！」

防護服など何も身をまとっていない森さんらは、何が何だかわからないまま南相馬の方へと避難した。

「とりあえず部隊は無事のようだ……」

大量に放射能漏れが起きる中、福島に派遣され、高線量の浪江町にいて、防護服もなくあわてて避難し、ひとまず命は無事だった。

その後は南相馬の沿岸部で救助活動をした。震災から5日目だったが、津波による甚大な被

害にあった場所で、救助すべき生存者はいなかった。多くの方が津波で水死してしまったからだ。

強い余震が何度も続く最中、瓦礫の山をかきわけ捜索。そんな中「津波がくるので逃げてください！」との警報が発令された。沿岸部でほとんどが平地。逃げられるのは3・11の津波でも助かった6mほどの高台のみ。とりあえずそこに逃げたものの、「ここで大丈夫なのか？」という不安のもと、新たな一報が舞い込んだ。

「3・11の時よりもすごい津波がくる！　逃げてください！」

えっ、どこへ？　近隣に給油に行ったバス2台を呼び戻し、あわててみんなでバスに乗り込んで山の方へと逃げた。結果的には誤報だったが、もし津波がきていたら、死んでいてもおかしくないと思った。

「刑事という仕事柄、死の覚悟を持って仕事をしてきました。でもこの20年以上、いろんな犯罪者の取り調べをしたり、現場に行ったりもしたが、死ぬかもしれないと思ったことは一度もなかった。それが3・11後の5日間で二度も死ぬ思いをした。原発爆発と津波警報。幸いにして生き残ったものの、『人間なんて何かあったら簡単に死んでしまう。死ぬ時はあっけなく死んでしまうものなのかも』という思いを強烈に感じさせられました」

その後も何度も被災地に行き、災害による凄惨な現場を見るにつれ、人生のはかなさ、短さ、有限性を知った。

たった一度の人生。このままでいいのだろうか？　いつ死ぬかもわからない人生の中、やりたいことをしたいという思いが高まり、独立起業を真剣に考えるようになった。

ビジョンもビジネスモデルもないまま退職もセミナーが大人気!

そうして刑事時代から、独立起業の本を読んだり、セミナーに行ったりするようになった。天職デザイナー三宅哲之さん主催の天職塾にも参加するようになった。そして2012年8月に退職。27年間の警察生活にピリオドを打った。

妻と2人の子どもがいて、住宅ローンも残っていたが、「もしうまくいかなかったらマンションは売って、子どもは独立して生活してもらい、夫婦2人で六畳一間のアパートに暮らせば生活できないことはない」と覚悟を決めた。

独立起業準備期間に時間が欲しかったが、辞めやすいタイミングを優先したため、これといったビジネスモデルやビジョンもないまま、何を仕事にすべきか模索の日々。

刑事という経歴は絶対に活かすべきだ。とはいえ探偵や警備の仕事をしたいわけではない。刑事生活で身に付けたことで、一般社会に役立つのは何か。そこで思いついたのが、ウソを見抜く技術を教えることだ。

「これまで数多くの詐欺事件に携わり、ウソをつく人間の取り調べを多くしてきましたので、実社会でも多い詐欺にあわないために、ウソを見抜く技術が役立つのではないかと思いました」

そこで2013年3月からウソを見抜く技術を教える「刑事塾」をスタート。参加者に刑事バッジを配布して新米刑事のつもりになってもらい、ケーススタディをもとにウソをついているのかどうか、「捜査会議」という名のワークをやってもらったりするなど、工夫をこらしたセミナーを開催したところ、大人気に！　セミナー参加者の口コミで、企業や団体や商工会議所などから講演をしてほしいという依頼があっという間に増え、今は講演業中心のビジネスを行っている。

「はじめは仕事もなく、苦しかった。1年目は馬車馬のように働いたが、それでも刑事時代の給料には到底及ばない。でも独立2年目になってようやく軌道に乗り始めてきた」

森さんは刑事時代と独立時代の違いをこんな風に表現する。

「刑事って犯人を捕まえなくても給料はもらえるわけです。でも独立したら自分で結果を残さなきゃお金はもらえない。これは大きな違いです。雇われるという立場がいかに甘いものか、独立して思い知りました」

それでも独立してよかったと話す。

「人生の長さは同じだとしても深さが違う。大変な面は多いものの、誰にも拘束されず、自由に時間を使えるのがいい」

それにしてもよく刑事から独立できたと思うのだが、その秘訣についてこんなことを話してくれた。

「警察官は頭を下げるよりも下げられることの方が多い。だから自分が偉いと勘違いする人もいる。例えば、性犯罪にあった若い女性がくると、『こんなミニスカートはいて露出しているから被害にあうんだ』といった説教を始めてしまう人もいる。でもそうじゃない。犯罪被害にあった方のために犯人を捕まえるのが刑事の仕事。自分は絶対にエラそうな刑事にはなりたくなかった。常に被害者目線。市民感覚を忘れない。被害者のために、困った人のために何ができるか。お客様目線で刑事の仕事をしてきて、頭を下げることもできるので、独立しても仕事はうまくできるんじゃないかと思いました」

あまり準備しないまま独立起業すると、かえって悲惨な人生にもなりかねないので、その点は注意した方がいいとしても、会社員時代から、今の人生でいいのか、今の仕事でいいのか、自分は何をやりたいのか、そのためにどんな準備をしたらいいのか、真剣に考えてみてはどうだろうか。いつ死ぬかもわからない時代。イヤなこととして生きているなんてもったいない。

解題　これまでやってきたことが何の役に立つかを考える

刑事や公務員、教師など、安定してはいるものの、いざ辞めてしまったら潰しがききにくい職業がある。森さんも辞めてしまったものの、何を仕事にするか、悩んだ時期が長かった。

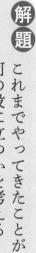

ずっと同じ仕事をしてきた人が独立起業するとなると、同じような仕事に就くケースも多いが、その経験を別の切り口で考えたら、それがビジネスになることもある。刑事だから警備員とか探偵ではなく、ウソを見抜く技術に着目し、セミナーや講師業に転身したのは見事というほかない。

自分にとって長年やっていることは当たり前のスキルかもしれないけれど、世間一般からみたら「そのスキルをこんな風に活かしてくれれば役に立つ!」というようなことが意外にある。それは本人も気づかないことが多い。

何がビジネスになるのか、何がお金になるのかは、自分一人で机上で考えず、いろんな人と話している中でニーズがわかるのだと思う。

関連リンク

・会社ホームページ「株式会社 Clearwoods」http://clearwoods.co.jp/
・ブログ「刑事塾」http://ameblo.jp/aozoratoumi-3/
・フェイスブック「森透匡」https://www.facebook.com/yukizo0033

セールスコンサルタント

川口徹

歌舞伎町のカラオケ店長から転身
30代で大企業社長になるも独立した
波乱万丈な人生

「ベストセールスマネージャー賞受賞」「最速最年少で取締役就任」「250名を超える組織のマネージャー」——。こうした輝かしい経歴を見ると、もとから能力があったから成功しているのだと思ってしまいがちだが、実はその裏には大変な苦労や失敗や紆余曲折が往々にしてあることが多い。川口徹さんのピッカピカに見えるプロフィールの裏にある、苦難の連続から「本当の幸せ」や「本当の成功」を勝ち得た、紆余曲折の人生を紹介したい。

（取材日：2014年3月）

プロフィール　1968年、山梨県富士吉田市生まれ。大学卒業後、株式会社第一興商に入社。1997年、世界最大級の脳力開発企業であり、ナポレオン・ヒル等の脳力開発を普及させた株式会社エス・エス・アイに転職。入社3年目でプロパーとして最速最年少で取締役就任。2007年5月、代表取締役に就任。2010年12月独立。ライフワークのセルフイメージ改善ワークを取り入れたコンサルティングには高い評価を得ている。

ミュージシャン志望で山梨から上京。卒業後は歌舞伎町で働く日々

みなさん、この経歴を読んでどう思うだろうか？

大学卒業後、第一興商、ホテル・アミューズメント企業で営業及び店舗マネージャーを経験し、1997年世界最大級の脳力開発企業エス・エス・アイに、BtoC営業兼脳力開発インストラクターとして入社。2年目に年間個人売上2億円を超すトップセールス賞及び、ベストセールスマネージャー賞を受賞し営業本部長に昇進。翌年にはプロパーとして最速最年少で取締役就任。250名を超える組織のマネージャーとして、営業、出版、研修、カスタマーサポート部門を統括し、会社を業界世界最大の売上へ成長させることに貢献。2007年5月、株式会社エス・エス・アイ代表取締役に就任。創業者で日本の自己啓発業界のパイオニアである田中孝顕氏を始め、国内外の権威からの直接指導、業務提携を経験し、2010年12月独立。

ピッカピカである。この経歴を見て多くの人が思うこと、それは「この人はもとから能力もあり、目標もしっかり持ち、何の苦難もなくサクセスストーリーを歩んできた。私とは人種が

違う。とてもじゃないけどマネできない」といったことではないか。

私はたまたま川口さんの講演を二度聞く機会があったのだが、プロフィールを見ても話を聞いても、実にしっかりした信念を持って歩んでいる素晴らしい人ゆえ、突っ込みどころがなく、逆に興味を持てなかった。違う世界に住んでいる人だと。

しかし実は、華麗な経歴の裏に波乱万丈な人生があった。

自己啓発の成功プログラム販売でトップセールスに輝き、社長まで務めた川口さんだが、若い時は自己啓発とも営業とも縁のない、どこにでもいる一青年だった。

生まれは山梨県富士吉田市。大学進学時に上京。夢はミュージシャンで、大学時代は先輩とバンドを組み、音楽プロダクションに所属。なんと音楽でお金をもらっていたという。

「その時は音楽でメシが食える、お金をもらえるなんて、自分ってすごいと思っていました」

と川口さんは振り返る。

しかし1年が過ぎて疑問を持つようになる。

「プロダクションの指示でいろんな場所を営業で回っていました。18時頃からライブが始まり、夜中の2時、3時、時には夜通し演奏を続けることもありました。それでギャラは5000円程度。確かに音楽でお金をもらえていましたが、正直、これではわりにあわない。楽器にお金もかかるし、他のアルバイトをした方がはるかにお金はもらえる。時間拘束も長いし、だんだんバカらしくなってしまいました」

その時、川口さんは思った。

「稼げる仕事をしたい」

音楽活動をやめて、とりあえず飲食店でアルバイトをするようになった。

大学卒業後はその流れで、カラオケチェーン店を運営する第一興商に入社。当時、日本最大のカラオケ店であった歌舞伎町店に配属された。アルバイトでの経験があることから、25歳で店長に就任した。

川口さんは店長就任の1年前に結婚。25歳で第一子が誕生している。歌舞伎町のカラオケ店長として働く日々だったが、転機が訪れた。同じビルの地下1階にあった、芸能人や大企業の役員クラスも来るような、高級なクラブを運営している会社から、働かないかと誘われたのだ。

クラブではライブをやったりもする。かつて音楽活動をしていたことから音楽のこともわかる。カラオケ店長をやっている経験から接客のこともわかる。このままカラオケ店に勤めるより稼げるかもしれないと考え、26歳で転職。27歳でそこの店長に就任した。

この時、第二子が生まれた。月収は32万円 。27歳にしてはそこそこいい給料だろう。でも川口さんの生活は苦しかった。

「収入は32万円だったが、妻と子ども2人を養わねばならず、家賃は14万円。残りで生活のやりくりをしていたが、生活がラクだと感じたことはありません。何よりも毎日の夕方から翌朝まで働く生活。しかも歌舞伎町という場所柄、時々怖い人たちやチンピラみたいな人たちも、お客さんとしてやってくる。スタッフがそそうをしようものなら、それこそ命がけで店長として、謝罪しなければならない場面もあった。いいお客さんも多かったですが、とてもしんどい仕事でした」

お客さんにはかわいがられ、事業で成功した人や、有名人などにゴルフなどに連れていってもらったこともあった。でもそんな時、川口さんはふと疑問に思ったのだ。

「自分は生活が苦しく、日々しんどい仕事をしているのに、なぜこの人たちはこんなに裕福で時間も自由に人生を楽しんでいるのだろうか。自分もこの人たちのようになりたい」

月収32万円では生活が苦しい。月収50万円ぐらい稼げる仕事に就きたい。お客さんのアドバイスから「営業の仕事なら稼げるらしい」と聞き、29歳でクラブを退職し、転職活動を始めた。

月収は半減！ できない営業マンからトップセールスに

営業の仕事なら月収50万円ぐらい稼げるかもしれない。そうしたら幸せな人生を歩めるはず。そう思って、営業の会社の面接を受けにいった。ところが、ことごとく面接で落とされるのだ。29歳という年齢。妻と子どもが2人いるため、ある程度の給与が必要になるというハンデ。これまでの経歴に営業経験はなく、しかも夜の接客業。昼間の営業会社はどこも雇ってもらえず、「また飲食業界やアミューズメント業界に戻るしかないか」とあきらめていた。

幸いにして7社目に面接を受けたSSI（エス・エス・アイ）という、自己啓発プログラムを販売する営業会社に転職できた。歩合比率も大きく「これなら稼げるぞ！」と意気揚々と、昼の会社員に転身したのだった。

ところが、入社しても営業成績はまったくダメ。今まで仕事をしてきた接客業とはまるで違う。アポイントをとるための電話営業もできず、「電話かけるのが怖くて、時報に電話して営業しているフリをしていた」という状況。月収50万円を夢見て転職したものの、営業成績が芳しくなく、月収は18万円に。稼ぐどころか、クラブの給料のほぼ半分になってしまった。

川口さんには妻と子ども2人がいる。このままではいけない。そんな時、目に留まったのが、自分が販売していた、成功プログラムであるナポレオン・ヒルの教材だった。

「成功するヒントはここにあるのではないか」

販売しているのでどんなプログラムかはある程度理解していたが、自分のために勉強する意識で見たことはなかった。

「営業で成功して月収50万円を実現したい」

ナポレオン・ヒルの自己啓発教材を学んで気づいたのは、「成功するには背水の陣でのぞむこと」だった。

とにかく仕事に全力を尽くそう。同僚と飲みに行ったりする時間など、生活の無駄を極力排して仕事に集中した。いつまでも前職の仕事の意識ではダメだと思い、開き直って営業の電話をかけるようになった。

するとと自分でもびっくりするぐらい、営業成績がメキメキ上がっていった。結果、入社1年目にトップセールスになり、入社2年目には年間個人売上2億円を超すスーパー営業マンとなったのだ。

会社退職も呼び戻されて31歳で4階級特進！

SSIでは歩合比率が高かったので存分に稼ぐことができたが、家族との時間をとる余裕もなかった。営業仕事で稼げる自信がついた川口さんは、31歳で退職。しばらくは家族とのんびり過ごしながら遊んでいた。

ところが退職してから5ヵ月後。SSIから「戻ってきてくれないか」との声がかかった。会社の業績が思わしくなく、トップセールスの実績を持つ川口さんに、お呼びがかかったのだ。

「よし、また稼ぐか！」

そんな軽い気持ちで再入社を決めた。

再入社後もすぐに営業で結果を出した。すると当時の社長から突然電話がかかってきた。

「会社の業績をアップするには何をしたらいいか？」

「私だったらこんな風にします」

何気なく答えたのだが社長の返答は意外なものだった。

「よし、わかった！　おまえの好きなようにやれ」

一度退職して再入社して3ヵ月目。まだ31歳の若手にもかかわらず、4つのポストを飛び越し、営業本部長に任命されたのだ。

月収も一営業マン時代とは桁違いの待遇。高層ビルの一角に専用の個室を持たせてもらえた。社長の右腕として働くポジションを与えられたのだ。

一プレーヤーから300人近い営業社員をとりまとめるマネージャーに。うれしい反面、慣れない仕事に四苦八苦。ましてや突然の4階級特進にやっかみを持つ勢力もあった。自分が信頼していた年上の部下が、実は社長に陰で、川口さんを罵倒するメールを送っていたことなども後から発覚した。

一方、川口さんに気に入られれば厚遇を受けられるかもと、すり寄ってくる人も多数いた。

「今から考えればその時の私のマネジメントはよくなかった。でも自分が成功したやり方を他の社員にも教えていくやり方で、売上を回復させることはできました」

32歳で最年少の取締役に就任。33歳の時には会社の年商を業界最大にまで伸ばすことに成功。川口さんが今まで望んでいた給料のアップや、会社内でのステータスを得て、成功しているかに見えた。

ファンド売却により経営危機、火中の栗を拾って再建社長に

川口さんの活躍とともに会社の業績も回復し、順風満帆な人生だったはずなのだが、会社に大きな転機が訪れる。２００４年に上場をめざすため、会社の保有株の一部が投資ファンドに渡り、投資ファンドから送り込まれてきた役員主導の会社に生まれ変わったのだ。

川口さん以外のプロパーの取締役はすべて解任。川口さんも取締役は解任されたものの、執行役員として残された。36歳のことだ。この時、第三子が産まれている。

しかしこの投資ファンドが経営をミスリードしていく。ＭＢＡの教科書的なやり方を持ち出し、今までの営業や経営のやり方をひっくり返してしまったのだ。

「こんなやり方ではうまくいかない！」

社長と川口さんとでファンド勢に訴えたものの、経営知識のある頭のよいエリートたちは、自分たちのやり方を押し通した。結果、どんどん売上は悪化。ファンド体制前には潤沢だった会社の資金も一気に窮していくことになった。

ファンド売却から3年。経営は悪化し、ファンド勢は株を返却して撤退。数十億円の債務が残り、会社をたたむか民事再生するしか、残された道はないかに思われた。

「成功哲学を売っている会社がたたむか民事再生なんてあり得ない。10万人のお客様のために、

また、この価値ある成功哲学を後世に残すためにも、会社をなんとしても存続・再生させるべきだ！」と川口さんは思ったという。

しかし目の前には到底返しがたい借金。社長をやれば個人保証させられ、失敗すれば身ぐるみはがされるリスクもある。

「そんなに言うなら、おまえが社長をやってみろ」

こうして川口さんは、ファンド勢によってズタズタになった会社を再生させるために、社長に就任することとなったのだ。

「お客様のために、そして売ってきた商品のためにも会社を再生したいという思いで社長になりましたが、仕事はつらいことばかりでした」

同じ会社とはいえ、今までのように自分で営業するプレーヤーでもなければ、売上を上げるための営業部隊を育成するためのマネージャーでもない。やることといえば、金融機関や取引先を回り、ひたすら頭を下げて、支払い期日の延長をお願いする日々。

メインの大手メガバンクは手のひらをかえしたかのような態度だった。今まではまったくこんな態度をしていなかったのに、会社の状況が急変したことを知るや、担当者はふんぞりかえって腕を組み、タバコをぷかぷか吹かしながら「それでいつ金、返してくれるの？」といった態度に豹変したという。それでも謝り倒してお願いに回った。

大変だったのは対外折衝だけではない。会社再建のため、多くの社員をリストラせざるを得なくなった。川口さん自ら社員のリストラを行ったことも何度もあった。「これが一番つらかったです」と川口さんは語る。

ファンド勢が経営状況を悪化させてしまった内部事情を詳しく知らない社員たちからは、「なんだ、あの無能な社長は!」と、火中の栗を拾って会社を再建したいという川口さんの気持ちは理解されなかった。

今までとはまったく違うつらい仕事。でも「お客様のために、そして、辞めていかざるを得なかった社員のためにも、自分たちが売ってきた成功哲学の有効性を証明し、会社を続けなければならない」という一心だった。

そして実現した奇跡の再生。3年で借金をゼロにするところまで再建した。ここでもSSIで自ら販売してきた成功哲学を実践したことは言うまでもない。

自分のしたいことをしよう――好きな仕事で独立へ

「社長業は私のしたいことではない。もっと自分のやりたいことをしたい」

川口さんにそんな思いが日に日に高まっていた。

内外の協力者の支えもあり、なんとか会社は立ち直った。しかし、3年間のリストラなどで大きく失わせてしまった会社の信用は、自分で取り戻すより他の人に任せたほうがいい。オーナーの意向も確認した。これからの会社には、今の信用のない自分ではなく新しいフロントが必要だ。

そして、自分のしたいことは、企業の営業のサポートや営業マンの育成をすること。

独立しよう。

子どもは3人。大学、高校進学でこれから最もお金がかかる年代だったが、「2年食いつなげる貯金があれば、しばらく無収入でもなんとかなるだろう」と42歳にして独立を決意した。

「この時に気づいたんです。月収50万円あれば幸せになれると思い、50万円になったら、今度は月収100万円あれば幸せになれると思っていた。社内で昇進し、営業成績を上げ、確かに収入面での目標は実現できたが、そんなに幸せではなかった。むしろ苦しかった。高層ビルに個室を持ち、都内に家を買って高級車に乗って、それで幸せになったかというと、それも別に違う。自分が楽しかったことは何だろうかと考えたら、自分で物を売ったり、物を売るお手伝いをしたり、人材を育成することだった」

独立起業するための資金は貯金を取り崩すことなく、これまで「成功」と思ってきた物品を売ることで調達した。現金がないことで弱気になってはならないことと、そもそもこれからの自分の人生にこうしたものはいらないと思ったからだ。

大企業の社長という肩書きがなくなり、一個人になった途端、去っていく人も多くいた。SNSのつながりを切ってきた人も何人もいた。

でも川口さんの会社時代の活躍や奮闘を知っている人から、「うちの営業の手伝いをしてほしい」といった声がかかるようになり、今は主に企業の営業支援をすることで、お金を稼げるようになっている。仕事は選べるようになり、本当に一緒にやりたい人とだけ仕事をしている。またその後に新たな発展を続けているSSIともいい関係を築き、その手伝いもしている。

「大企業の社長をしている時より自分の好きな仕事ができている。必要なお金もきちんと稼げている。何より自分の時間はすべて自分でコントロールできるようになった。好きな仕事をすることで、いわゆる〝休む〟必要がなくなったので、大好きな運動と学習、家族との時間も大幅に増やした。不安定さはありますが、その分、ご縁やいただく仕事に心から感謝できるようにもなった。29歳の時に歌舞伎町の地下室で夢見た理想を、今は生きることができています」

成功している人を見て順風満帆にきたと思うのは間違っている。その裏にある修羅場をかいくぐってきた経験や、必死に行動した努力を知っておきたい。

解題　やりたいことを1つ決めて、3年間やり続ける

ピカピカのプロフィールの裏には、様々な波乱万丈な出来事があり、今に至っている。決してはじめから能力があり、簡単にサクセスストーリーを歩んだわけではないのだ。

こうした自身の経験を踏まえながら、個人向けのセールストレーニングもしている川口さん

は、何かで成功したいという人にこんなアドバイスをしてくれた。

「3年間、自分のやりたいことを1つ決めて、それを徹底的に勉強して極めればいい。そう決めて3年間やり続ければ、たいがいのことはできる」

「好きなことが見つからない、やりたいことが見つからないなら、机の上でばかり考えていないで、少しでも興味を持ったことに挑戦してみること。行動を起こさなきゃ何も始まらない。それでもやりたいことがわからないというなら、今、目の前に与えられた仕事を極めるまで徹底してやってみればいい。中途半端に仕事をしているから自分の人生が見えない」

「ただし、やりたいことで独立するなら、無収入でも最低2年間は生活できるくらいの貯金はためておいた方がいい。今の生活を見直し、払わなくてもいいものを徹底的にカットする。資金がなければ、これからの成功に不要なもので売れるものはすべて売って、事業のために投資する。あとは3年間、とにかく集中してやればいい」

ぜひ実践してみるといい。

関連リンク

・会社ホームページ「株式会社トランセス」http://www.transcess.com/

食育プロジェクト主宰

土岐山協子

ダメな子どもは母親と料理がダメ 元教員・元銀座のママが「おだしプロジェクト」を始めた理由

東北の私立高校教師が教師を辞め、紆余曲折あった後、銀座のクラブで皿洗いからホステスになりママになった。その後ママを辞めてはじめたのは漁業に農業！　すべては「おだしプロジェクト」のためだった——。

土岐山協子さんがなぜこのような経歴を歩んできたのか、今、何をしようとしているのか話を聞いた。

（取材日：２０１４年９月26日）

プロフィール　1972年、宮城県生まれ。宮城県立白石女子高校卒業後、予備校講師を経て、私立高校の教師に。30歳で教師を辞め、美容会社、教科書会社勤務などを経て銀座の世界に。銀座のママを務めた後、北海道や沖縄で漁業、農業に取り組む。2014年10月に「おだしプロジェクト」を立ち上げ、子どもの料理を作ることの大切さを発信している。

食生活の乱れこそ「非行」の根幹

「教師を辞めたのは、学力がなく礼儀を知らない子どもたちをクズ扱いする日本の教育を変えようと思ったから」と語るのは、元高校教師で元銀座のクラブのママの土岐山協子さん。

盛岡の大学を卒業後、「ひきこもりかヤンキーしかいなかった」という大検受験の予備校講師を1年半務めた後、「不良の巣窟」と呼ばれ、生徒の素行の悪さに教員がすぐに逃げ出す私立高校で、教員として4年間勤めた経験から、日本の教育の問題の根深さを知った。

利益優先の学校は落ちこぼれをほったらかしにし、進学クラスばかりに力を入れる。この落ちこぼれを救おうとする大人がいない。私立高校では落ちこぼれ集団の男子バレーボール部顧問に就任し、わずか半年で県大会出場させるチームに生まれ変わらせた。

「私はバレーボールの技術的なことはほとんど教えていない。ただ半年間、みっちり礼儀を叩きこんだだけ。ちゃんと挨拶しろ。ちゃんと制服を着ろ。赤点は取るな。指導をしていったら、髪型と服装が変わった。だらしない髪型をしていたのが、勝つために自発的に短髪になった。だらしない服装をしていたのを次第にやめるようになった」

とはいえ指導をしても、毎年毎年礼儀も知らない、挨拶もできない、高校生になっても九九ができない、漢字の山と川は書けるけど谷は書けない程度の学力しかない子どもたちが入ってくる。

「一体この国はどうなっているのか。高校に入る前までの学校では一体何を教えてきたのか。親は何も教えなかったのか。地域で誰か注意する人はいなかったのか」

落ちこぼれた子どもをほったらかしにする学校、地域、家庭。でもすべての根幹は家庭にあると考えた。教員生活の中で土岐山さんが気づいたことがある。なぜ落ちこぼれの子どもが生まれるのか。その大きな原因は2つ。母親と料理が悪いということだ。

「素行の悪い子どもの母親は必ずといっていいほど素行が悪い。逆に優しい母親の家庭は優しい子どもになる。父親はあまり関係ない。母親が重要だ」

「落ちこぼれた子どものほとんどが食生活が乱れている。問題のある子どもは朝からカップラーメンを食べさせられたりしている。やたら調味料が多い。人間は食べ物でできている。まともな食べ物を食べていないとちゃんとした人間ができない」

落ちこぼれクラスを切り捨て、進学クラスを優先しようとした教頭とケンカになり、30歳で教師を辞めることに。「10年いろいろな経験を積み、40歳になったら、日本の教育を変えるための事業をしよう」と心に決めた。

教育を変えるため偉い人に会いたい一心で銀座の世界に

教科書や歴史のことを知ろうと、札幌で教科書会社に勤めた後、「母親を変えるには女性のことを知らないといけない」と思い、女性社員だらけの美容会社に3年勤めた。また新たな経験を積もうと35歳の時に経営学などを学びたいと思い、美容会社を辞めて職業訓練学校に通おうと思ったのだが、学びたいカリキュラムは東京にしかないという。

これまで宮城、岩手、北海道でしか暮らしたことがなかった土岐山さんは、「東京は怖いところだからできれば行きたくない」とも思ったが、「教育を変えるには政治家など偉い人のいる東京に行くことは大事かも」と考え、東京行きを決めた。

東京にはほとんど行ったことがなかった土岐山さんは、北海道から東京まで飛行機に乗り、スーツケースを持ったまま、とりあえず偉い人に会っておこうと、タクシーに乗り、「永田町まで行ってくれ」と頼んだ。「永田町のどこですか？」と聞かれ「偉い人に会いたい」と言うと、議員会館のような場所で降ろされた。

アポもなしに会館内に入れるわけもなく、スーツケースを持って入口付近で政治家が来るのを待っていると、困っているのかと思い警備員が声を掛けてきた。

「政治家のご家族の方ですか？」

「いえ違います。教育を変えるために偉い人に会いに来たんです」

不審者と思われ警備員は3人に増えた。

「そのスーツケースには何が入ってるんですか？　見せてください」

この時、スーツケースには東京で一人暮らしする部屋に飾ろうと、教師勤め時代に生徒からもらった漫画「ジョジョの奇妙な冒険」のグッズをたくさん持っていたため、「これは見られるとまずい！」と思い「スーツケースは見せられません」と答えると、余計に怪しまれて警察官まで来る事態になり、やむなく退散せざるを得なくなった。

日本橋にあるウィークリーマンションに帰ろうとタクシーに乗った。タクシー運転手に「偉い人に会えるにはどこに行けばいいんですかね？」とたずねると、「銀座のクラブとかに行けば会えるんじゃないですか？」と言われ、銀座で降りることに。

降ろされた近くのカフェに入り、店のスタッフに、「銀座のクラブで働ける店、知りませんか？」とたずねると、近くにいたお客さんが「うちの店で働くか？」と声を掛けてくれた。そのお客さんについていったが、大きい店ではなかったため、大きな店を紹介してもらうことに。ホステス経験がなかったため「皿洗いでいいです」というと即採用。こうして土岐山さんは銀座のクラブの皿洗いになった。

皿洗いをしたり、カウンターで手伝いをしていたりすると、お客さんとして来ていたある大企業の社長が店のスタッフに声を掛けた。

「なんだ、あのカウンターでウロウロしているデカい女は。連れてこい」

土岐山さんが出てくると「お前がここで働いている目的は何だ」といきなり聞かれ、「日本の教育を変えるために偉い人に会おうと、銀座のクラブで働くことにしました」と正直に答えると、「だったらホステスになれ。おまえに銀座のことや日本の経済のことを教えてやる」との話になった。

こうしてあっという間に銀座のホステスになることに。ここで多くの偉い人に出会えることができ、様々な勉強ができた。わずか半年後、36歳にしてママにもなれた。その後、3年間銀座で勤め、月収200万円を下ることはなかったという。

「高給稼いでいたけど、出ていくものも多かったのでそれほど貯金はたまりませんでした。銀座に勤める以上、服にしろ宝飾品にしろ偽物をつけるわけにはいかない。本物を身に付けないと自分が偽物になってしまうので、身に付けるものにもお金がかかった。また一流のお客さんに接するためには、一流の店などに自腹で行ったりもしました。お客さんに連れて行ってもらっても、それは自分の身にならない。所詮はそのお客さんのお連れさんとしか店には見られない。なので自分でも自腹をはたいて一流の店に行くことで、一流のサービスや一流の料理などを学びました」

特にいろいろなママやホステスを見てきて、女性についてより深い理解を得ることができた。

「感謝と謙虚のない女性は醜くなる」

「若さと美貌は限りある。女性は内面磨きが必要」

これは今後の活動をする上で大きなヒントになった。

食育をするため自ら一次産業に飛び込む

日本の教育を変えるには、母親を変えることであり、料理を変えること。女性のことはいろいろとわかったが、料理＝食については自分に知識がない。まともな子どもを育てるために食べ物を変える必要があるのであれば、自分も一次産業で働く経験をしたいと考え、インターネットで「農業がしたい」と検索。すると農業求人・林業漁業の求人情報が掲載された「第一次産業ネット」というサイトがヒットした。

食の王国である北海道で農業をしたいと考え、手当たり次第電話を掛けると、性別や年齢などで断られまくったが、北海道の遠軽町の野菜栽培をしている農場で、「なんだかわかんねえけど、やりたいならくればいい」と採用が決まり、2年間、農場で働くこととなった。

また、料理に重要なのは「だし」であると考え、だしに使われる北海道の利尻昆布漁師の経験もしたいと思い、利尻島の水産会社に電話した。ここでも「女性はダメ」「未経験はダメ」「40歳以上はダメ」と断られたが、利尻島にはホステスの求人があるという。「ホステスすればそこに漁師さんや水産会社の人が来るから、ホステスして仲良くなってから頼み込めばいいんじゃねえ」という北海道の人のアドバイスのもと、利尻島でホステスをすることに。その狙い通りになり、昆布事業にも関わることができた。

ただ利尻の昆布も遠軽の農業も冬場はできない。そこで冬場は鹿児島に行って農業経験を積むことに。今は北海道と鹿児島を行き来しながら、東京で人脈を広げて、事業の立ち上げを準備している。そして2014年10月から、日本の教育を変え、まともな子どもを育てるために、母親と料理を変えるべく「おだしプロジェクト」をスタートさせた。

「子どもを育てる女性がおだしを通じて、和の心を理解し、感謝と謙虚な気持ちを身に付け、時間をかけずにラクして作る加工食品ではなく、時間をかけることで子どもに愛情を伝える愛情料理を作れるようになる」との理念を掲げた。具体的には、おだし教室の開催やおだしの使い方などの情報提供を行っていく。

教員時代に気づいた、ダメな子どもはダメな母親、ダメな料理が原因であるとの問題を解決するため、30歳から10年以上、様々な経験を積んできたことを活かして、これから本格的に事業をスタートさせる。得体の知れない底力を持つ土岐山さんの活動に注目していきたい。

解題　問題解決のためにしなやかに職を変え、自ら経験する

社会には様々な問題があり、それらについて評論家のように語る人は多いが、実際に問題を解決しようと行動する人はほとんどいない。しかし土岐山さんは教師で気づいた根深い社会問題を解決するため、必要な経験を自ら積んでいくという道を選んだ。

一見、バラバラに見えるこれまでのキャリアも、すべては教育を変える、母親を変える、料理を変えるため。その活動をするために年齢やこれまでのキャリアに関係なく、自ら就農するなど、直接体験を大事にしているからこそ、言うことにも説得力があるのだと思う。

こうした人がもっと増えていけば、様々な社会問題は解決されていくのではないだろうか。

関連リンク

・ブログ「愛情料理研究家 土岐山協子の『料理はしないんだけど料理研究家のブログ』」
http://ameblo.jp/toki718/
・フェイスブック「土岐山協子」https://www.facebook.com/100003155431415

発見の巻——これって、仕事になるんだ！

中川ケイジ

吉田美子

石山草子

藤嶋京子

ふんどし会社経営

中川ケイジ

ダメ会社員が「ふんどし」で起業！「笑っていいとも」にも出演した信じられない話

人生、捨てたもんじゃない！　八方ふさがりでどうしようもなかったとしても、「ふんどし」がきっかけで、事態は好転するのだから。

会社員時代はダメダメ社員の烙印を押されていた人が、ふんどしで独立起業し、テレビなどのメディアに取り上げられるほどの旋風を巻き起こしている。にわかに信じがたいが、現実に起こった、中川ケイジさんの話を紹介しよう。

（取材日：２０１４年３月28日）

プロフィール　一般社団法人日本ふんどし協会会長。有限会社プラスチャーミング代表取締役。1976年、兵庫県生まれ。大学卒業後、美容師に。その後コンサル会社に転職するも、営業成績が悪く思い悩み、うつ病に。その時たまたま出会った「ふんどし」の快適さに感動。ふんどしで日本を元気にしたい！と強い使命感が芽生え独立。おしゃれなふんどしブランド「SHAREFUN（しゃれふん）」をスタート。同時に「日本ふんどし協会」設立。

会社で仕事ができず空回りして自宅療養

中川さんは、兄が経営する会社に鳴り物入りで入社した。しかし、まったく営業成績を上げられず、社員の冷ややかな視線にさらされ、「成果を上げねば！」と焦るあまりに余計に成果は上がらない。どんどん精神的に追い込まれた中川さんは、体調が悪化し、睡眠障害になり、通勤電車に乗ることもできなくなって、結果的にうつ病と診断された。

自宅療養を認められたが、体調がよくなったところで会社復帰できるとは到底思えない。34歳という年齢で、とても転職できるとは思えない。いや転職できる、できないの問題ではない。自分は組織で働くことに向いていない。それほど自分が好きではないことに、夢中になれないのだ。

ではどうしよう？　そこで中川さんが思い立ったのが、会社を辞めて、ふんどしで起業することだった。

「ふんどしで起業？」

ほとんどの人は「失敗するからやめておけ」と忠告した。そりゃそうだ。今の日本人で、ふんどしを締めている人など皆無ではないか。圧倒的多数の人がパンツ。それを34歳で妻もいる男性が独立起業して、ふんどしを作って売ろうというのだから、クレイジーにもほどがある。

でも中川さんは真剣だった。会社員時代、取引先の人からたまたま勧められたふんどし。

「ふんどしなんてダサい」と思っていたが、勧められるまま締めてみると、風通しがよく実に快適だった。

ふんどしは普及してないからこそビジネスチャンスがある！

しかし問題があった。おしゃれなふんどしが皆無なのだ。そこで中川さんはひらめいた。「これはとてつもないビジネスチャンス」だと。なぜならほとんどの人がふんどしを締めていない。ということは、これからいくらでも普及させる余地があると考えたのだ。

「ステテコだってダサいと言われていたのに最近は流行っている。ならばオシャレなふんどしを作れば売れるのではないか」

こうして2011年10月末に会社を退職し、ふんどしで独立起業。オシャレなふんどし「SHAREFUN（しゃれふん）」ブランドを立ち上げた。

しかしすぐに売れるわけがない。そこで中川さんはふんどしブームを巻き起こすべく、「一般社団法人日本ふんどし協会」を立ち上げた。賛同してくれるふんどしメーカーを集めるほか、ふんどしがメディアに取り上げられるよう、「ベストフンドシスト賞」と称してふんどし愛用の芸能人を表彰するなど、様々な工夫を次々と実行していった。「ふんどしブーム」の仕掛け人として、2013年4月には「笑っていいとも」にも取り上げられた。

さらには、ふんどしによって人生が変わった半生を振り返る書籍企画を、出版社に売り込むのではなく、ネットで企画書を公開して出版社を募集する、逆転の発想と話題性ある仕掛けを施し、なんと8社からオファー。2014年1月に『人生はふんどし1枚で変えられる』（ディスカヴァー・トゥエンティワン）という本を出版した。

中川さんは言う。

「うつ病の状態で、やりたいことをしようと思っても思い浮かびませんでした。でもやりたくないことならいっぱいある（笑）。そこでやりたくないことを思いつくまま書き出していったんです。通勤電車に乗りたくない。組織で仕事したくない。スーツを着て仕事したくない。単なるわがままな不平不満ですよね（笑）。

でもやりたくないことをリストアップしていったら、自分が何が原因でうつ病になったかがわかったんです。原因がわかれば対策がとれる。選択肢がどんどん狭まっていって、会社勤務ではなく、独立して起業すればいい。起業するのなら、快適だったふんどしを普及することをしようと、やりたいことが見つかったんです」

中川さんにとって人生を好転させたのは「ふんどし」だったが、みなさんもそれぞれにとっての自分なりの「ふんどし」が見つかれば、今、どんなにつらく苦しい人生だったとしても、ハッピーな人生に変われるのではないだろうか。

不可能を可能にするエピソード

中川さんは逆境になればなるほど戦略的に行動し、不可能を可能にする才能があるのかもしれない。過去にこんなエピソードがある。

中川さんは大学卒業後24歳で美容師になりたいと思った。美容学校にも行っておらず、美容師免許も持っていない。ひとまず美容室に就職して、働きながら美容師免許を取得しようと考えた。しかしこの状況でわざわざ中川さんを採用する美容室など、普通に考えればどこもないだろう。年齢的にも経歴的にも様々な面で不利だ。

そこで中川さんは、街角で100人に聞く美容室アンケート調査を行い、さらには有名サロン30店を見学したレポートを作成し、こうした資料を持って美容室に就職したいとアプローチした。するとどうだろう。「今年の面接は終わった」と門前払いされた店から、「ぜひ入社してほしい」と電話がかかってきたりするなど、圧倒的に不利な条件にもかかわらず、第一希望の美容室で働くことができたという。

ふんどしビジネスという難しい事業も、中川さんなら巧みな戦略で普及させていけそうだ。

パンツと共存する見事な戦略

取材前にサンプル用のふんどしを送ってきてくれた。「ふんどしって確かにおもしろいけど、でも締めるとなるとどうなんだろう?」と思ったのだが、確かにデザインはおしゃれだし、身に着けてもそんなに違和感はない。トランクスを履いた感じと似ていて、通気性がいい。

また「パンツと共存しよう」というのがいい。さすがに通気性がいいとはいえ、「日中もふんどしだとちょっとな」と思っていたのだが、「ふんどしは寝る時だけつけて、日中はパンツを履くというスタイルでもいい」という中川さんの提案に「なるほど」と思った。そういう使い方なら、ふんどしはいいかもしれない。日中はブリーフで寝る時はトランクスという人なら、トランクスの代わりにふんどしにしても違和感はないと思う。

中川さんが取材の最後にこんなことを言っていたのが印象的だった。

「仕事ができる人ほど、ふんどしを試してくださるんですよね。多くの人は一般に広く普及するまで手を出さない。普及する前のブーム前の段階で、失敗するかもしれないけれど、新しいものにチャレンジできる人って、どんなことに対しても行動力があり、実際に自分で試してみて判断するから、仕事ができる人が多いんだと思うんです」

今、ふんどしで起業なんて言われても、ほとんどの人が、「はあ? バカじゃないの?」と思うかもしれない。でもヒートテックのタイツだって急速に普及し、今じゃ当たり前となった。2020年、東京オリンピック開催の際には、1人1枚ふんどしを持っている時代が訪れているかもしれない。

解題　会社員で仕事ができなくても独立起業で成功する人もいる

一般的に会社員で仕事ができない人は、独立起業しても成功できないと思っている。ただ会社は非常に窮屈なところでもある。意味のない規則。どうでもいい社内かけひき。不毛な長時間会議。思いきった決断ができず、無難な決定で終わる連続。台風だろうが原発事故が起きようが定時に出社しなければならないという意味不明。こうした働く環境に嫌気がさしたり合わなかったりして、会社でのびのび働けず、成果が出ない人も多いのではないか。

中川さんもきっとその一人だったのだと思う。会社では縁故入社ということもあり、プレッシャーや焦りがあったためうまくいかなかったが、独立したらこうしたしがらみがなくなり、自分一人で決断し、自分の思うようにできたからこそうまくいったのだろう。

そして何より、自分が感銘を受けたふんどしを普及させたいというビジョンがはっきりしているからこそ、事業が順調にいっているのだと思う。

関連リンク

・ふんどしホームページ「SHAREFUN（しゃれふん）」http://sharefun.jp/

・協会ホームページ「日本ふんどし協会」http://www.japan-fundoshi.com/
・個人ホームページ「中川ケイジ公式サイト」http://www.keiji-nakagawa.com/

バッグ・ライフ・プロデューサー
吉田美子

食品検査していたOLが心の病を乗り越え百貨店でも扱われるバッグ作家に！

食品検査業務を行う普通のＯＬが、仕事のプレッシャーから心の病になり、精神病院に入院かというところまで病状が悪化。なんとか職場復帰するも、会社に居場所がなく悶々とした会社員生活を送っていたものの、好きが高じてバッグ作家に！　どうやって人気のバッグ作家に転身できたのか。吉田美子さんにインタビューした。

（取材日：２０１４年12月16日）

プロフィール　1965年、福岡生まれ。東京農業大学農学部卒業。生協にて食品検査の仕事に携わる。退職後、ものづくりの楽しさに魅了され、バッグ制作をスタート。2005年にブランド「Y's445」を立ち上げ。2006年にギャラリーで初の個展を開催。2010年に銀座で期間限定ショップのメインメンバーとして運営に参加。2013年に全国各地で10回の個展を行うとともに、西武池袋本店で「幸せバッグ展」を開催。

バリバリ仕事をしていたつもりが心の病に

いつも目立たない地味なタイプの女の子だった。高校は生物地学部に入部し、星の観測や川の水を測ったりするのが楽しかった。それで大学は東京農大の農学部農芸化学科に入学。農業、食品、土壌検査など生活に密着した学科だった。

大学で学んだことを活かして、卒業後は生協に就職。はじめの2年間は地方の支所の経理だったが、24歳の時から念願の食品検査業務に異動。職場結婚もし、仕事も望みのものができ、「一生、食品検査業務をしていくんだ」とこの時は思っていた。

しかし31歳のとき異変が起きる。欲しいと思っていたわけではなかったが子どもができ、妊娠した。ずっとバリバリ仕事をしていきたかったのに……という思いもあった。

実は仕事では自分の思いとは裏腹に空回りしていた。部下が自分の言ったことができないと苛立ち、その苛立ちから職場はギスギスした雰囲気に。そのため余計に仕事がうまくいかなくなり悪循環が生まれていたのだ。

吉田さんは「自分がいないとこの職場は回らない」と思い込み、上司に「こんな時に妊娠してしまい、すみません」と言ったが、今から考えれば、とんだ勘違いをしていたと気づいた。私がいなくても仕事は回る。それどころか自分がいない方がギスギスせずに職場は回っていた。

妊娠してから肺炎になってしまい、入院することに。生まれてはじめての入院生活にも心の負担がかかり、いろんな心労が重なり、精神状態がおかしくなり始めた。精神不安定なことから「精神病院に入院した方がよいかも」とまで言われた。入院も薬もイヤだと拒否する吉田さんの様子を見て、「家で安静にした方がよいのでは」との話になり、吉田さんは家に帰ることになった。

無事に子どもは出産したが、精神不安定な吉田さんと子どもを家で二人きりにするのはまずいのではないかと家族が心配し、子どもは保育園に預けることになり、いち早く職場復帰することとなった。

しかし吉田さんに以前のポジションはなかった。補助的な業務。さらに職場復帰してショックを受けた。後輩の部下がかつての自分のポジションにつき、自分の時よりはるかにうまく職場を回していたのだ。

「もう自分に居場所がない」

でも会社を辞めるわけにはいかない。二世代住宅を建て、夫も働いていたが住宅ローンもあり子どももいる。結局その後6年間、我慢しながら会社での仕事を続けた。

そしてある時、ぷつりときてしまった。お母さんと話をしているうちに、我慢していた感情が一挙に噴き出したのだ。

「私が好きで働いていると思っているの？　そんなわけないじゃない！」

今まで我慢していた感情をお母さんにぶちまけた。もう会社には自分の居場所がないのに、住宅ローンのために働いていたと。

突然の感情の爆発にお母さんは戸惑ったというが、ぽそりといった。

「住宅ローンぐらいどうにかなる。そんなにいやなら会社辞めたら」

すっと心が軽くなった。もう会社を辞めよう。17年間勤めた会社を辞めた。

退職して出会ったバッグ作りに没頭！　独創性から評判に

会社を辞めて何もすることがなく困った吉田さんは、何か趣味を持とうとケーキ教室に通い始めた。子どものためではなく自分が食べるのが好きだったから。するとお菓子作りやらケーキ作りやらが楽しくて没頭。しまいには自宅のキッチンでちょっとした料理教室をするまでになった。吉田さんの資質が垣間見えたのかもしれない。

そんな時、学校で必要な巾着袋を作るため、ミシンが得意なご近所さんのお友達にミシンを教えてもらった。やってみるとミシンで袋を作るのがおもしろかった。布選びも楽しくなり、夢中になった。

ちょうどその頃、お母さんの職場でバザーをやるので、「あなたが作ったポシェットや携帯ケース、袋とかを出してみたらどう？」と言われて出すことに。するとどうだろう。売れたのだ。

「働く女性はバッグが必要だし好きなんだ」

その後は特にバッグ作りに力を入れるとこれが評判に。口コミで広がりどんどん売れるようになった。

「今までバッグが特に好きというわけではなかった」という吉田さん。でも、バッグを作るのは何より楽しかった。自分で好きな布を選び、同じものは作らず、一点一点それぞれ違ったバッグを作っていく。

設計図があるわけでもなく、作りながら完成させていくので、自分でもどんなバッグができるかワクワクして作れるという。できた時の達成感。お客さんに喜んでもらえる満足感。今まで飽きっぽく、続けられるものはほとんどなかったのに、バッグ作りだけは飽きずに続けられる。

2005年、40歳の頃。バッグ作りをはじめてまもなく「Y's445」というブランドを立ち上げた。2006年にはギャラリーで初の個展を開催。その後は、浦和伊勢丹を皮切りに銀座松坂屋、銀座松屋、恵比寿三越、池袋西武、渋谷東急東横でバッグを扱ってもらえるようになった。今までバッグなど作ったことがなかったにもかかわらず。ものすごい快挙だ。

一時期、南青山にアトリエを持っていたこともあったが、身軽にいろんな場所に出向けることや、バッグを作る時間をしっかり確保したいこと、お客さんとの接点を大事にしたいとの思いから、今はアトリエを持たず、全国各地のギャラリーを借りて、個展を開いて販売するスタイルにしている。

それにしても40歳前後からバッグ作りを始めた人が、こんなにも人気となっているのはなぜなのか。

「画一的でみんな同じデザインの量産ブランドバッグではなく、世界にたった一つしかない一点もののバッグを欲しい方が多かったからかもしれません。私が作るバッグは世界にただ一つだけ。物を持ち運ぶ袋という機能だけでなく、単なるオシャレというだけでなく、私のバッグを持ってもらうことで、ライフステージそのものが変わるような、そんなエネルギーを持っているバッグだと思っています」

カラフルで独創的なデザインは好き嫌いがわかれる。外見の派手な服装も同じだ。でも吉田さんはこんな風に言う。

「誰にでも好かれるバッグではなく、私はこのバッグ好き！　私は吉田さんの作ったバッグが好き！　という人に気に入ってもらえたらそれでいい」

だからこそお客さんに合うバッグを対面で一緒になって選びたい。ギャラリーで直にお客さんと接しながら、お客さんに合うバッグ選びをサポートしている。そんな思いもあり、ただバッグを作るだけの「バッグ作家」ではなく、ライフスタイルそのものを提案していきたいという意味合いを込めて、「BagLife プロデューサー」と肩書きを変えた。

2014年には『やる気のスイッチ！』（サンクチュアリ出版）の著書で、夢実現プロデューサーの山崎拓巳さんとのコラボが実現。山崎拓巳さんに描いてもらった絵を組み合わせたコラボバッグを完成し、お披露目した。こんなことまでできるなんて夢のよう。山崎さんから「夢を100個書いてみなさい」と言われて、その一つに「拓巳さんのバッグを作りたい」と書いたことがきっかけでなんと実現してしまったのだ。

これまで作ったバッグは約1900個。2015年には「Y's445」ブランド立ち上げ10周年を迎える。

仕事でうまくいかなくなり、どん底を味わった経験から、まさか自分がバッグ作りをして、こんな人生になるなんて。ワクワクすることを人生の選択基準にしていれば、人生、楽しく生きられるはず。たとえ今が不満だらけの何の変哲もない普通の人であっても、何がきっかけで人生好転するかはわからない。

解題　未経験だからこそできる斬新なデザインバッグ

「吉田さんはいいですね。自分の好きなバッグが作れて」と、あるバッグデザイナーから言われたという。業界にどっぷりと浸かり、企業の論理でバッグ作りをしていたら、吉田さんのような個性的かつ斬新なデザインのバッグは誕生しなかった可能性が高い。

好きなことを仕事にしたのに、仕事にしたら好きじゃなくなってしまったという人も多い。

多分そういう人は業界や企業の論理を優先し、自分の作りたいものを作れないからなのだと思う。吉田さんはいい意味で業界未経験。だからこそ業界の「常識」に縛られず、自分の感性をフルに活かした独創性のあるバッグを作れるのではないか。

大事なことは、ワクワクすることに足を一歩踏み出せるかどうか。ただそれだけの違いなのではないだろうか。

関連リンク

・フェイスブック「吉田美子」https://www.facebook.com/Ys445
・フェイスブック「Y's445」https://www.facebook.com/Ys445.bag
・ホームページ「Y's445」http://ys445.com/

農家

石山草子

食の楽しみを奪われたアレルギー体質の女性の再起

食べることが大好きだったどこにでもいる普通のＯＬが、ある日突然、アレルギーで次々に食べ物が食べられなくなってしまう。そんな石山草子さんは食べ物について勉強する中、「いいものを食べれば大丈夫」と気づき、今は田舎に移住し、農業を始めて自分で食べ物を作り始めている。誰もがアレルギーになる可能性もある中、これまでの人生の歩みと食の大切さについて話を聞いた。

（取材日：２０１４年10月４日）

プロフィール　神奈川県相模原市出身。都内でＯＬとして働いていた頃、小麦や大豆などのアレルギーを発症。そこで米粉や糀などを活用して独自にパン、麺、スイーツなどを自分で作るように。その経験をもとに、同じ悩みを持つ人のためにカフェ「comecafe（コメカフェ）」をオープン。現在は「安全でおいしい野菜は自分で作る」ため、カフェを閉じ、住まいを相模湖に移し、comecafe ファームをスタート。

アレルギーで悩む人たちのためにカフェをオープン

「もう生きていても仕方がない。なぜ私だけが突然、小麦アレルギーにならなければならないのか……」

パンが大好き、食べることも大好きだった石山草子さんが、突如、小麦アレルギーになってしまったのは30代半ば過ぎのこと。その前から様々な食物アレルギーを発症していたが、よりによってパンが大好きで、パンとコーヒーが何より人生の楽しみだった石山さんに、今度は小麦アレルギーが発症してしまったのだ。

しかも小麦はパンだけでなくいろんなものに入っている。あれもダメ、これもダメ……。自分の食べるものがない。あまりの絶望感にどん底に叩き落され、もう生きている意味はないとすら思っていた。

石山さんのように、今までは平気だったのに、ある日突然、アレルギーになり食べられなくなる人もいる。現代人にとって、食物アレルギーは他人事ではない。

小麦アレルギーになった石山さんは、外食が一切できなくなった。友達と気軽にランチや食事に行けない。こうしたことからどんどんひきこもりがちになり、気分は落ち込んでいくばかりだった。しかし何か食べなければ生きてはいけない。ましてやもともと食べることが好きだった。アレルギーの自分でも食べられるものはないかと探し回った。

こうした中、同じようにアレルギーで悩む人たちが多いことに気づいた。アレルギーではあっても、おいしいものを食べたいし、同じように悩んでいる人にも安心しておいしいものを食べさせてあげたい。そんな一心で、小麦粉を使用せず、代わりに米粉を使ったメニューを出すカフェを2010年にオープン。「生きていても仕方がない」と思って落ち込んでいた時期がウソのように、悩みをバネにして生まれたカフェが大きな生きがいとなっていた。

ちゃんと作っているものはアレルギー反応が起きない！

なぜ食物アレルギーになってしまうのか。アレルギーの人にも食べさせられるものはないか。いろいろ調べていくうちに、現代の食べ物の多くが、安さと利益を求めるあまり、人間の健康にとっていいとは言い難いものばかりということに気づいた。

「アレルギーになってしまったものは食べられないけど、私は肉や魚は食べるんです。私は何かの主義や流行で食生活を選んでいるわけではありません。食べられるのであればおいしいものは食べたい。アレルギーの心配なく、かつ健康なもので、おいしいものを作れないかどうか日々研究していました」と石山さんは話す。

様々な食材をリサーチしている中で、塩糀《しおこうじ》に注目した。小麦粉を使わず、おいしい味つけができる調味料として使えるのではないかと思ったからだ。いろいろ調べていると、東京の町田市内で、無添加、天然醸造で糀を作っている店があることを発見。イベントに出店しているというので、行ってみることにした。

そこで衝撃的な出来事があった。塩糀に興味があったものの、井上糀店の5代目店主ちえさんは、無添加、天然醸造の味噌を知ってもらおうという趣旨で出店していたらしい。石山さんが大豆アレルギーとも知らず、ちえさんは「ほれ。食べてみな！」と、たっぷり味噌をつけた生のきゅうりを差し出した。困惑する石山さん。しかしあまりにも自信たっぷりのちえさんの様子に圧倒され、おそるおそる一口食べてみると、驚くことに、何のアレルギー反応もなかったのだ。

ちゃんと作っているものは大丈夫。今まで食べていたものがひどかったのではないか。だからアレルギーになってしまったのではないか。そんな風に思うようになり、井上糀店のちえさんのところに何度も出入りするようになり、糀や味噌を買付するだけでなく、ちえさんから食材についての知識をいろいろと学ぶようになった。

ちえさんはこんな風に言う。

「昔は当たり前だった、自分も当たり前だと思っていた、昔ながらの製法でちゃんと作っている糀や味噌が、今では珍しいものになってしまった。糀や味噌に限らず、安さと利益のために、人間の体にとっていいとはいえない食べ物が世の中に蔓延するようになってしまった。そんな世の中だからこそ、私は昔ながらの製法で作り続けていきたい」

ちえさんの想いに共感した石山さんは、ちえさんのような素晴らしい人を絶やしてはならないと考え、カフェは一度閉じ、井上糀店を広める活動や、米粉を使った料理教室、健康な食材のリサーチなど、食と健康とは何かを考える活動を始めた。石山さんから食についていろいろ話を聞いていた妹の小野敬子さんも、井上糀店を手伝うようになった。

敬子さんも「私、味噌も味噌汁も好きではなかったのに、井上糀店の味噌を食べたらおいしくて、すっかり味噌にはまってしまいました！」ということで、2013年末に「みそソムリエ」の資格を取得。お姉さんの石山さんとともに、健康でおいしい食べ物とは何かを広める活動を始めている。

田舎に移住し、自分で安全な野菜をつくる

石山さんは「野菜は自分で作った方がいい」と考え、相模湖そばに畑を借りて、畑仕事も始めるようになった。はじめは町田から相模湖の畑に通っていたが、遠いし移動時間もかかる。幸いにして旦那さんの仕事がシステムエンジニアのため、都内への打ち合わせは月に1～2度で、それ以外は自宅で仕事ができる。夫婦で畑のある相模湖そばに引っ越すことにした。

しかし田舎への移住はスムーズだったわけではない。

「畑、貸してやってもいいけど、あんた、農業本気でやる気あんのか？　畑作業は甘いもんじゃない」

都会から田舎に移住し、畑作業をしようと思った石山草子さんは、地元の人にそう言われた

という。

地元の人にとっても、若い人がきて、農業をしてくれて、地域が活性化するのはうれしい。ただ、これまで多くの都会の人が「農業をしたい」とやってきたものの、短期間ですぐに挫折し、結局は都会に戻っていってしまう。農業の理想的な面ばかりを夢見て厳しい面を知らず、安易に農業をやりたいという人がいかに多いことか。だからこそ地元の人はその人のためにもはじめに厳しいことを言う。「本気で農業やる気ないんだったら来るんじゃない。軽い気持ちではじめても、どうせまた都会に戻ってしまうことになるから」と。

しかし石山さんは相模湖に移住し、畑作業に従事することができている。すっかり地元に溶け込み、いろんな野菜を作っていた。

石山さんが農業に挫折せず、移住して地元に根を下ろして畑作業を楽しんでいるのは、自身が30代半ばになって様々な食べ物アレルギーを発症してしまい、世に売っているものや店で出されるものがほとんど食べられなくなってしまったからだ。でも農薬や添加物を大量に使ったものではなく、ちゃんとした作り方をしたものなら食べることができる。そこで自分で健康にいい野菜作りをしたいと思ったのが、移住して農業をしようと思ったきっかけだからだ。

石山さんは、何も食べられずつらかった時期を振り返る話をしている時は、時折目に涙を浮かべながら話をしてくれた。でも今は「アレルギーになったおかげで、むしろ人生楽しいし、アレルギーのない人よりもはるかに健康な食生活ができるようになった」と、楽しそうに語っていた。
石山さんは都会と田舎をつなげる人が必要と感じ、地元の人の協力を得て、相模湖で畑体験イベントなども開催している。

解題 「会社がイヤだから田舎に移住」では農業は続かない

農業がしたいという人の多くは、単に会社がイヤだ、今の仕事がイヤだ、通勤がイヤだというだけ。農業がしたいんじゃなく、会社員がイヤだという理由だけで、ある意味では会社員なんかよりはるかに厳しい農業が続くわけがない。農業なら、自然に囲まれた中でのびのびと健康的な生活ができる、みたいな、いい面ばかりを夢見すぎなのではないか。

また、農業が続かないのは、地元の人との人間関係。田舎には都会と違った様々なルールがあり、都会の人から考えれば面倒な人付き合いもある。それにイヤになってしまって再び都会に戻っていく人も多いのではないか。よそ者を受け入れない町には未来がないと私は思う。不条理な田舎のルールもどうかと思う。でも郷に入れば郷に従えというように、その土地に住んでやっていくのなら、よほどおかしなことでない限りは、その土地のルールに従うべきだ。これができない。だからやめてしまう。

一方で、田舎の人たちが移住者をお客様扱いしてしまうことも、移住者が勘違いしてしまう原因にもなる。ぜひとも人に来てほしいと思うがゆえに、移住希望者を接待するがごとき厚遇してしまうと、移住者の方も「自分たちが来てやるんだ」という気持ちになってしまう。そこで実際に行ってみると、「お客様」から「最底辺の新参者」扱いされることにギャップを感じ、やめてしまうのではないだろうか。

ただ思うのは、都会と田舎の両方を知る人が少ないこと。田舎の人も積極的に都会の人と交流し、都会の人がどんなことを考えているのかを知り、都会の人も田舎の人と交流し、田舎のことを知る。そうした交流があって、移住をしたければ移住すればいいし、たまに行くぐらいでいいのであれば、それでいいんだと思う。

関連リンク

・ブログ「アレルギーでもおいしいごはん。コメカフェ農園」http://blogs.yahoo.co.jp/comecafe305
・ホームページ「コメカフェファーム」http://comecafe.jp/
・フェイスブック「コメカフェファーム」https://www.facebook.com/comecafe.jp
・石山さんの妹さんのブログ「味噌がキライだったみそソムリエ keiko のブログ」http://ameblo.jp/misokeiko/

会社経営

藤嶋京子

トヨタを退職し起業
中国留学しながらの会社経営

せっかくトヨタ自動車にデザイナーとして就職できたにもかかわらず、わずか3年半で退職。26歳の若さで独立起業し、社長を務めながらも、その間、中国に留学して中国語も勉強するというバイタリティあふれる女性が藤嶋京子さんだ。

なぜ彼女は、大企業を辞めてまで会社を設立し、独立起業したのか。

（取材日：2014年7月25日）

プロフィール　愛知県出身。東京デザイナー学院卒業後、トヨタ自動車に入社し、カラーデザイナーとして勤務。23歳で退職し、マーケティング会社勤務などを経て、2006年、モバイルアクセサリーの小売・卸売を行う株式会社INNOVA GLOBAL設立。代表取締役就任。同事業と並行して2008年～2010年北京清華大学に留学。ヒット商品を続々リリース。楽天市場でiPhoneケース販売シェアNo.1の実績（2009年度）を持つ。

「キャリアを築きたいなら、会社に頼らず自分でやれ」

就職難で「大学に行くより専門学校で学んだ方がいい」と考え、名古屋でインテリアデザインを学ぶ専門学校に。漠然とハウスメーカーのインテリアデザイナーになりたいと考えていたが、学校卒業後は縁があってトヨタ自動車のカラーデザイナーとして就職した藤嶋京子さん。しかしせっかくの大企業を、3年半で退職してしまった。

「トヨタの仕事は楽しかった。カラーデザイナーとして多くの取引先と仕事をすることができ、学びも多かった。でもふと思ったんです。会社の看板のおかげで大きな仕事ができているだけで、自分には何もキャリアがないのではないかと」

そこで藤嶋さんは、以前から興味があった中国語をマスターしたいと考え、会社に中国赴任を希望した。そこでこう言われた。

「自分のキャリアを築きたいのなら、会社に頼るのではなく自分でやるべきではないのか」

その言葉にはっとした。親や周囲からも猛反対されたが、2003年9月、23歳の時にトヨタ自動車を退職した。

中国語を勉強しながら自分のキャリアを積んでいきたいと考え、2003年10月、上京しマーケティング会社に転職。「はじめて愛知県を出るのでまるで外国に行くような気分」だったが、あまり仕事になじめず、10ヵ月で会社を辞め、東京から愛知に戻ってきてしまった。

やっぱり、海外と携わる仕事がしたい、語学を活かした仕事がしたい――。そんな思いから貿易会社で派遣社員として働くようになった。

ネットショッピングに目をつけ会社設立

2005年頃から携帯音楽プレーヤーが普及し始めた。そんな時にふと思った。かわいいケースがない。いろいろネットで探すと、台湾でかわいらしいものが売っている。他にもこうしたケースを欲しい人がいるのではないかと考え、ヤフオクなどで転売するとかなりの需要があることもわかった。

ちょうどこの頃、後に共同経営者となるマイケル氏と出会う。マイケル氏は大手通信会社に勤めるかたわら、会社生活での働き方に疑問を感じ、独立して事業を始めたいと思っていた。

藤嶋さんはマイケル氏と意気投合。藤嶋さんが日本にはないおもしろい海外の商材を選び、5カ国語ができるマイケル氏が仕入れを担当。それをオークションなどで販売するといったビジネスを始めたところ思いのほかニーズがあり、急速に拡大していった。

「まだ2005年頃といえば、今のようにネットショッピングが当たり前ではなく、ましてや海外のものを個人が買うなんて怖い、といった時代でした。ですので仕事がうまくいったのだと思います」

こうして海外でおもしろいものを発見して販売する仕事が軌道に乗り、マイケル氏と藤嶋さんほか2人で2006年、株式会社INNOVA GLOBALを設立した。藤嶋さんは26歳の若さで代表取締役社長となった。

社長になっても自身の力不足を感じ中国へ留学

会社の事業は順調だった。しかし藤嶋さんには、これまでずっとくすぶっていた思いがあった。

「会社の代表にはなっているものの、他の会社のメンバーと違い、私には誇れる能力が一つもない。いろいろあるけど、どれも中途半端なものばかり。一つでもいいから自分に誇れるものがほしい」

そこで藤嶋さんは会社代表にもかかわらず、2008年9月から2010年1月まで中国北京に語学留学することにした。

「会社の代表だからできないなんて考えたくない。留学するからといって会社を辞めたくはない。両立できる方法を考えました」

会社は様々な事業をしていたが、ネットで物を販売するネットショップ事業一本にした。他のメンバーとうまく分業体制をつくり、藤嶋さんは留学先の寮で勉強しながら仕事もすることに。

「ネット環境があれば中国の留学先からでも十分仕事ができました。日本なんかよりWi-Fi環境がいいところもあったので、寮やカフェで仕事をしていたこともあります」

こうして会社を抜けることなく、会社の代表を務めながら海外留学を実現した。

女性向け商品展開で事業が成長

携帯音楽プレーヤーのケース他、海外のガジェット系を取り扱っていたが、やがてスマホが普及するようになる。

スマホも普及当初は男性向け色が強く、女性向けのかわいいケースやアクセサリーがほとんどない。今でこそこうしたアクセサリーはいっぱいあるが、２００９年〜２０１１年当初はほとんどなかったという。そこで藤嶋さんの会社ではいち早く、かわいらしいiPhoneケースを取り扱うようにした。

するとこれが大当たりし、２００９年度では楽天市場で、iPhoneケース販売シェア№１の会社となった。藤嶋さんが２０１０年に帰国した頃になると、ソフトバンクでも取扱いしたいと申し出があり、一挙にビジネスが拡大。オフィスを名古屋から東京に移して事業を展開するようになった。

アンドロイド携帯が出るようになると、自社ではじめて製造したケースを販売するようになったが、こちらはライフサイクルが早く、撤退することに。必ずしもこれまでの事業がすべてうまくいったわけではない。

でもその時々の時代状況に合わせてうまく事業を適応させ、今は販売代理業をメインに、海外などからかわいいアクセサリーを発掘し、日本で販売するスタイルで事業を展開している。

その際、藤嶋さんの中国留学経験がとても役に立っているという。

「展示会で中国や台湾のメーカーにお会いした時、私が中国語で話ができると、その時点で相手の態度が変わり、他社よりもぜひうちの会社と取引したいと言ってくれる会社が増えるようになりました。中国語の語学力うんぬんというより、中国で留学生活をした経験から中国の文化や習慣などを肌感覚で学ぶことができたので、中国や台湾の方とスムーズにコミュニケーションができ、ビジネスができるようになりました」

2014年8月には結婚することに。

「社長だからといって仕事だけにはなりたくない。結婚もしたいし子どもも産みたい。両立できる生活を実践したい」と藤嶋さんは語る。

2年先を見据えた事業展開

今はスマホケースをはじめ様々なモバイルアクセサリーを取り扱っているが、先日はアメリカに行き、次世代モバイルとして注目を集める、身に付けて持ち歩けるウェアラブル端末関連の視察にも行ってきた。

「トヨタ自動車で働いていた時は、新車の販売が2年先になるので、2年先の時代の流行を考えてカラーデザインをしていました。起業してからもその経験が生きています。2年先を見据えて、いろんな商品をいち早く取り込んでいきたい」

トヨタに勤めていた時は、自分の力はなく、会社の看板でしか仕事ができないと思っていた藤嶋さんだが、今では「京子だから仕事がしたい」と、個人の力で仕事が取れるようになってきた。

大企業に勤めていたどこにでもいる一会社員が、ひょんなきっかけから退職し、自分のしたいことを実現しながら会社の代表を務めている。

「天生我才必有用」——天が私を生んでくれたのは、必ず世の中で何らかの役に立つためである。だからこそ才能を磨いていきたい。

藤嶋さんの好きな言葉だ。自分には何も誇れるキャリアや経験がないと思っていた彼女は、今は立派な経営者として仕事をしている。

「あきらめるなんてもったいない。できないことよりできる方法を考えて、これからも生きていきたい」

藤嶋さんのような前向きな生き方をしていれば、きっとたくさんの夢が次々と叶うのではないかと思う。

解題　会社ブランドではなく、個人ブランドで生きる

大企業に入ると人は勘違いしてしまう。会社の看板で仕事ができているのに、自分の力で仕事ができていると。でも、大企業の看板がなくなってしまったら、果たして自分に何ができるのか。大企業といえどもリストラや倒産の可能性も高まる時代、会社に頼らず、自分自身の真の仕事力をつける必要性が高まっていると思う。

この点、藤嶋さんの行動力はすごい。誰もがうらやむ大企業にいて、しかもカラーデザイナーという華やかな仕事をしているにもかかわらず、会社の看板で仕事をしていることに気づき、自身で様々な経験を積みながら独立起業した。

しかも社長をしながら中国留学を並行するなど、普通の人では到底できない二足のわらじも、工夫次第でどうにかなるはず、と考え実践した。

すぐに「できない」と言い訳してしまう人も多い中、普通のどこにでもいた元ОＬが企業の社長として活躍する姿は、とても励みになることと思う。

関連リンク

・楽天の販売サイト　http://www.rakuten.ne.jp/gold/idea4living/
・会社ホームページ「株式会社 INNOVA GLOBAL」http://www.innova-global.com/

番外編

カメラライター

かさこ

サラ金社員から本を19冊出版
ライター、カメラマン、映画監督に転身

最後に筆者自身の変わった経歴を紹介したい。私は大学卒業後、サラ金に勤めていたものの、好きなことを仕事にしたいと考え、マスコミ業界に転身。しかしなかなか好きなことが書けず、様々な紆余曲折を経て、念願のトラベルライターになれたり、本を出すことができた。なぜそのようなことができたのか、紹介したい。

プロフィール　１９７５年生まれ、横浜市鶴見区在住。川越高校卒業、中央大学法学部卒業後、１９９７年から大手サラ金に約2年勤め、総額10億円以上を融資するトップセールスマンに。１９９９年にサラ金退職後、アジアを4ヵ月放浪。２０００年~２０１２年まで編集プロダクション3社に勤め、編集、ライター、カメラマンとして仕事をするかたわら、２０００年2月からホームページ（現ブログ）の更新を毎日続け、個人で19冊の本を出版するなど、パラレルキャリアを実践。２０１２年2月よりフリーランスに。

「3年でフリーになる」と豪語し、マスコミに潜り込む

勉強さえがんばって、いい大学に入り、いい企業に入れば、人生、一生安泰だと思っていた。だからとりたててとりえもなかった私は、学生時代は勉強をがんばった。そのおかげで中央大学法学部に現役で合格することができた。もうこれで人生安泰だと思い、大学時代は遊び歩いていた。

ところが。就職事情の風向きが急に変わった。就職氷河期と呼ばれる時代にちょうどあたってしまったのだ。特にやりたいこともなく、大企業ばかり就職試験を受けたが40社以上惨敗。結果、就職できたのはサラ金大手のアイフルだった。

「中央大学法学部に入学したのに就職先はサラ金……」。私はその時、人生の敗北とすら思った。

でも入社してみると仕事は楽しかった。まじめに仕事していたら新人なのに部内のトップセールスマンになれ、評価もされた。それでいて残業はほとんどせず、休みもしっかりとれたので、こんな理想的な仕事場はないとすら思った。

しかし23歳の時、仕事が忙しく体調を崩してしまい、楽しみにしていたインド旅行に行けなくなってしまった。この時、人生を真剣に考え直した。

「このままサラ金でずっと働いていていいのだろうか?」

いや、このまま一生ここにいるわけにはいかない。自分にはどうしてもしたいことがある。一つは長期で旅行に行くこと。もう一つはできればマスコミ業界に転職したいこと。そこでサラ金勤務2年4ヵ月で会社を辞め、4ヵ月間、アジアを放浪。帰国後、マスコミ業界に転職しようと思った。

ところがどこも雇ってくれない。中途半端な経歴だからだ。どこもかしこも落とされるので、面接を受けたある編集プロダクションでやけっぱちでこう豪語した。「未経験ですが3年でフリーになります。そのぐらいの気持ちで働くので入社させてほしい」。このイチかバチかの発言があたり、「そんなにやる気があるなら採用」となり、編集プロダクションに転職することができた。

会社員時代にネットのおかげで本を19冊出版

編集プロダクションに転職できたおかげで、金貸しを卒業し、雑誌や冊子を作ったり、文章を書いたりするなど、望む仕事に近づいた。でもできれば取材に行って旅行の記事を書いたり、自分の本を出したいと思った。25歳から37歳まで、約12年間、3社の編集プロダクションに勤務し、編集、ライター、カメラマンの仕事をしながら、自分の望む仕事がしたいと考え、2000年2月にホームページを立ち上げ、以後、ほぼ毎日記事を更新した。

すぐに結果が出たわけではないが、5年過ぎると、様々な仕事がホームページ経由で入ってくるようになった。30歳の時には念願の本を出すことができた。会社員として編集プロダクションで働くかたわら、旅行記の連載記事を頼まれたり、写真集が出せるようになったり、講演の依頼まで来るようになった。

すべてはネットのおかげ。会社員として定期的な収入がある安心感を持ちつつ、個人で好きなことを仕事にして副収入を得る。パラレルキャリアは私にとって理想的な働き方だった。

もうずっとパラレルキャリアでいいと思っていたのだが、37歳の時に転機が訪れる。勤めていた会社の社長とケンカすることになってしまったのだ。あまりに理不尽なことでとがめられたのが原因だった。なので私は断固として折れる気はなかった。すると今まで容認してくれた副業を社内で禁止すると言い出した。明らかに私ターゲットの措置だった。

「もし副業禁止になったら、これまで築いてきた自分のネット上での努力が水の泡になってしまう。でも妻のお腹には赤ちゃんがいて、これからお金がかかるというのに、社長とケンカしたから会社を辞めるなんて、そんな無謀な決断を簡単にすることもできない」

しかし、一度険悪になった関係は修復することもできず、これをいい機会に個人で独り立ちしようと、2012年、37歳の時にフリーランスになった。

100万円以上かけて自費で冊子を印刷し、無料で配布

かつて27歳の時に3ヵ月だけフリーランスになったが、まったく食えなかった苦い経験があ

り今回の独立も不安だったが、すぐに仕事が入ってきた。15年間、ネットでほぼ毎日記事を更新し続けてきた実績とブランド力で、ネット経由で仕事が入ってきたからだ。

さらに新規の取引先を開拓するため、自費でフルカラーの個人案内冊子「かさこマガジン」を制作。2011年は1000部、2012年は3500部、2013年は5500部、2014年は1万3500部印刷し、ブログ読者や新規取引先になりそうな会社に無料でばらまいた。このセルフマガジン効果もあり、新たな仕事を獲得することができ、フリーランスになっても定期的に仕事が入ってくるようになった。また「かさこマガジン」をきっかけに、映画監督のオファーがきて、映画監督になることもできた。

2014年からは、編集、ライター、カメラマン業だけでなく、好きなことを仕事にするためのセルフブランディング術やブログ術を解説する「かさこ塾」を始め、2015年2月末現在、約90人の卒業生を送り出している。

就職氷河期でサラ金にしか就職できなかった私。マスコミ転職もままならなかったが、今は好きなことを仕事にでき、人生を変えることができた。

こんな風になれたのも、15年間ほぼ毎日、記事を書き続けてネットで発信してきたから。すぐに人生が好転することは難しくても、日々コツコツと努力することが、人生を切り開く一番の方法なのだと私は思う。

関連リンク

・ブログ「ブロガーかさこの「好きを仕事に」」http://kasakoblog.exblog.jp/
・ホームページ「かさこワールド」http://www.kasako.com
・フェイスブック「かさこ」https://www.facebook.com/kasakotaka
・ツイッター　@kasakoworld

あとがき

――100の言い訳より1の行動

おもしろい生き方・働き方をしている26人の半生をつづった本書をお読みいただき、ありがとうございました。人はどうしても周囲に自分と似たような人ばかりを集めてしまいがちです。学校や会社との往復だけで過ごす毎日では、似たような属性の人ばかり。いつしかそれが当たり前となり、知らず知らずのうちに生き方・働き方の幅が狭くなってしまうことから、生きていくことが息苦しく感じてしまう人も多いように思います。本書を読んで、いろんな生き方があるんだということを知っていただくだけでもよいかと思います。

私自身、インタビューを通して、世の中にはいろんな人がいることに驚きました。自分自身がサラ金勤務からライター・カメラマンに転身した異色の経歴ですが、ここに登場している方々は、ある時までは「普通」だったはずが、ある時をきっかけに「普通」から外れて、自分自身のオリジナルの道を歩み出した方々ばかりです。

もし自分の人生を変えたいと思うのであれば、１００の言い訳より1の行動。本書をきっかけに、自分のできることから今すぐ行動してほしいと願っています。本書に登場した人たちに共通しているのは、行動していること。頭の中で悩んでいるだけでは、現実は良くはなりません。机上で勉強しただけでは、現実を変えることはできません。ぜひ一歩でも半歩でもいいので、自分のしたいことに向けて、動き出す契機になれば幸いです。

本書に掲載されたインタビュー記事は、私のブログ『ブロガーかさこの「好きを仕事に」』（旧つぶやきかさこ）で連載したものの中から26人をピックアップし、「解題」部分などを加筆しました。記事の内容は取材時点のものです。取材時点から現在の状況が大きく変わった人には再取材を行いましたが、本書の目的はそれぞれの人たちが今、何をしているかではなく、ある人生の地点でどこまでどうやってたどり着いたかだと考え、できるだけ取材時点の原稿を活かすようにしています。

ブログならびに本書のインタビューに協力してくださった26人のみなさまにとても感謝しております。それぞれの話は、読んでくださった方が前向きに生きる勇気や希望になると思います。またブログに掲載されている記事をとりまとめて書籍として出版することで、より多くの人にこの話を伝えたいと考え、声をかけてくださった共栄書房の平田勝さんに、お礼を申し上げたいと思います。

本書を契機に、人生を前向きに楽しく生きる人が一人でも多く増えればと願っています。

２０１５年4月20日　かさこ

かさこ
年間8万枚の撮影、年間90万字の執筆をこなす、写真も撮影できるライター＝カメライター。トラベルライター、金融ライター、不動産ライター、ブロガー。1975年生まれ、横浜市鶴見区在住。埼玉県立川越高校卒業、中央大学法学部卒業後、1997年から大手サラ金に約2年勤め、総額10億円以上を融資するトップセールスマンに。1999年にサラ金退職後、「深夜特急」に憧れ、アジアを4ヵ月放浪。2000年〜2012年まで編集プロダクション3社に勤め、編集、ライター、カメラマンとして仕事をするかたわら、ホームページ（現ブログ）の毎日更新を続け、個人で18冊の本を出版するなど、パラレルキャリアを実践。2012年2月よりフリーランスに。
2014年、映画「シロウオ〜原発立地を断念させた町」で監督デビュー。またこの年から私塾「かさこ塾」＝好きを仕事にするブログ術＆セルフブランディング術をスタート。2015年発行のセルフマガジン「かさこマガジン5」（40ページ・フルカラー）は、1万6500部、自費出版し、希望者に無料で配布。

取材・執筆・撮影・講演の依頼など　kasakotaka@hotmail.com
ブログ：ブロガーかさこの「好きを仕事」に　http://kasakoblog.exblog.jp/
ホームページ：かさこワールド　http://www.kasako.com

「好き！を仕事に」シリーズ
マイナスな人生でもプラスになれる生き方
――エリートじゃない、“普通の人”のための成功方程式

2015年5月25日　初版第1刷発行

著者―――かさこ
発行者――平田　勝
発行―――共栄書房
〒101-0065　東京都千代田区西神田2-5-11 出版輸送ビル2F
電話　03-3234-6948
FAX　03-3239-8272
E-mail　master@kyoeishobo.net
URL　http://kyoeisyobo.net
振替　00130-4-118277
装幀―――大坪佳正
印刷・製本 ―中央精版印刷株式会社

ISBN978-4-7634-1065-8　C0036